Collana Saggi "Approfondimenti di diritto penale"

Volume 3

-----œ-----

Nicola Amato

La disciplina giuridica

dell'informatica forense

nell'era del cloud

Casa Editrice:
Amazon Independently Published

Sommario

Introduzione

Nel contesto tecnico-evolutivo del panorama dell'informatica forense, stiamo assistendo ad un incremento esponenziale senza precedenti dell'uso del computer, sia per quanto riguarda la produzione di reati, sia per quello che concerne l'analisi probatoria dei dati digitali. Possiamo certamente asserire che lo sviluppo tecnologico della gestione dei dati digitali a scopo criminoso ha fatto sì che l'informatica forense necessariamente si adeguasse a questo passo.

Di contro, all'aumento del trattamento di dati con sistemi informatici allo scopo di perseguire reati, consegue l'incremento della domanda di analisi dei dati digitali a fini investigativi. In sostanza, l'economia globale è sempre più dipendente dall'elaborazione di informazioni digitali e dalla loro trasmissione attraverso le reti telematiche. Ed ovviamente anche gli inquirenti, nell'ambito della loro attività d'indagine, si avvalgono sempre più di tali dati che, una volta correttamente acquisiti e analizzati potranno, da soli o in combinato alle tradizionali modalità investigative, assumere valore di prova contribuendo significativamente all'identificazione e persecuzione dell'autore materiale dell'illecito.

La giurisprudenza italiana, dal canto suo, seppure con notevole ritardo rispetto alle altre nazioni, si é comunque adoperata per far fronte a queste innovazioni tecnologiche che hanno coinvolto sia un nuovo modo di compiere reati sia altrettante adeguate contromisure investigative.

Fatte queste dovute premesse, andiamo a vedere quali sono gli obiettivi che questo libro si prefigge di raggiungere.

Sono principalmente tre.

1. Analizzare come la disciplina giuridica si é adeguata allo sviluppo tecnologico dell'informatica forense.

2. Evidenziare le eventuali lacune legislative e giuridiche riscontrate in tale ambito.

3. Proporre dei provvedimenti giuridici, o modifiche a quelli esistenti, che a parere dello scrivente potrebbero essere adottati per colmare le lacune riscontrate in sede di analisi.

Com'é organizzato strutturalmente questo libro?

Oltre a questa parte introduttiva ove ho cercato brevemente di contestualizzare la problematica e dichiarare alcuni intenti, il corpo principale di questo libro consta di quattro capitoli.

Il primo capitolo entra nella problematica tecnica parlando in forma generale dell'informatica forense, per poi addentrarsi nel computer forensics e nel digital forensics.

Il secondo capitolo introduce invece l'argomento cloud computing e tutti i suoi risvolti.

Arriviamo al terzo capitolo, ove si entra nel dettaglio del cloud forensics e su come le indagini forensi in questo campo vengono effettuate.

Si giunge così al quarto dove viene data un'impronta giuridica ai discorsi tecnici effettuati nei capitoli precedenti; si discute pertanto della disciplina giuridica che regola l'informatica forense e si analizzano le varie leggi italiane che regolano il diritto penale dell'informatica.

Il quinto capitolo infine è dedicato alle linee guida sulle quali fonda i suoi principi l'informatica forense, e nello specifico vedremo alcune RFC e ISO che riguardano più da vicino l'informatica forense.

Un paragrafo conclusivo chiuderà definitivamente questa escursione. In tale contesto, verranno nuovamente analizzati gli obiettivi prefissati in sede introduttiva, allo scopo di verificare se sono stati raggiunti o meno e in che modo, verranno inoltre evidenziate eventuali lacune e verranno avanzate alcune proposte per colmarle.

Grazie per aver posato ancora una volta lo sguardo su una mia opera letteraria.

Nicola Amato

1. L'informatica forense

1.1 Che cos'è l'informatica forense

Sembra oramai essere una definizione comunemente acquisita, almeno a giudicare dalla stragrande maggioranza delle fonti a riguardo, quella che identifica l'informatica forense in maniera inequivocabile nella scienza che si occupa dell'individuazione, conservazione, protezione, estrazione, documentazione, impiego ed ogni altra forma di trattamento del dato informatico, al fine ultimo di poter essere utilizzato a fini processuali.

Un aspetto fondamentale dell'informatica forense è rappresentato dalla protezione dei dati presenti sulle periferiche che sono oggetto di sequestro da parte degli inquirenti. Allo scopo di proteggere tali dati, e soprattutto al fine di garantire la loro inalterabilità, coloro che sono preposti all'analisi dei loro dispositivi di archiviazione utilizzano in genere delle metodologie specifiche, il cui scopo é garantire e provare l'esatta corrispondenza dei loro contenuti a distanza di tempo, a seguito di qualsiasi richiesta giudiziale.

Ovviamente, per attuare tutto ciò é necessario in qualche modo "congelare" i dati presenti sul supporto sequestrato e fare in modo che rimangano inalterati nello stato in cui si trovano, impedendo di fatto qualsiasi scrittura e/o modifica successiva.

Questo obiettivo può essere raggiunto utilizzando specifici strumenti hardware e software in grado di inibire qualsiasi scrittura sui dispositivi di archiviazione. Tali dispositivi utilizzano degli specifici algoritmi di "hash"[1] in grado di generare una sorta di impronta digitale di ciascun file e/o dell'intero contenuto del dispositivo, permettendo quindi di verificarne l'integrità in qualsiasi momento successivo al sequestro.

Inoltre, per motivi di sicurezza, com'é facile intuire, qualsiasi operazione di analisi e indagine dei dati non viene né effettuata sul dispositivo che contiene i dati originali né sui dati originali stessi, bensì su di un'apparecchiatura diversa e su una copia dei dati fatta "ad hoc". Allo scopo di garantire l'inalterabilità dei dati originali durante la fase della loro copiatura verso altri supporti destinati alle analisi, viene utilizzato in genere un dispositivo hardware che consente di accedere ai dati in modalità di sola lettura, comunemente definito "write blocker"[2], il quale consente di

---

[1] l termine inglese "hash" significa "sminuzzare". Tramite la funzione di hash, quindi, i dati vengono "sminuzzati" e portati a una lunghezza uniforme, indipendentemente dalla dimensione del valore di partenza. Questa funzione viene utilizzata in molti ambiti della tecnologia dell'informazione.
Maggiori informazioni le trovate su:
https://www.ionos.it/digitalguide/server/sicurezza/funzione-di-hash/

[2] Il write blocker è uno strumento hardware utilizzato nell'ambito di attività tecniche di informatica forense che permette l'accesso ai dati presenti su un supporto di memorizzazione di dati digitali, prevenendo scritture e alterazioni dei dati. Solitamente si usa durante le ispezioni e perquisizioni o per le successive operazioni di acquisizione forense. Maggiori informazioni su:
https://www.bit4law.com/glossario-di-informatica-forense/write-blocker/

leggere i dati presenti nel dispositivo, estraendo quelli di interesse e procedendo alla copia forense.

Associato a questo strumento vi é un altro dispositivo hardware, il "copiatore", il cui unico scopo è quello di effettuare una copia speculare dei dati originali oggetto di sequestro e passarli su di un altro supporto hardware, preservando nello stesso tempo l'integrità dei dati originali, così come avviene per il "write blocker".

La figura professionale incaricata di eseguire materialmente tutte queste operazioni, data anche l'eterogeneità dei supporti investigabili, viene definito "computer forensics expert", ed identifica colui che presta la sua opera nell'ambito dei reati o crimini informatici. Il "computer forensics expert" è dunque l'esperto che deve occuparsi di preservare, identificare, studiare ed analizzare i contenuti memorizzati all'interno di qualsiasi supporto o dispositivo di memorizzazione.

Queste attività sono espletate non solo esclusivamente sui computer, ma anche su qualsiasi attrezzatura elettronica con potenzialità di memorizzazione dei dati, come ad esempio telefoni cellulari, smartphone, sistemi di domotica, autoveicoli e tutto ciò che é in grado di memorizzare dei dati.

C'é da sottolineare il fatto che l'informatica forense viene spesso erroneamente identificata come una nuova branca della sicurezza informatica. Ovviamente si tratta di un'assimilazione e affiliazione inesatta, in quanto, nonostante esista uno stretto collegamento tra queste due aree di attività, c'é comunque una differenza sostanziale in termini di pura essenza tra informatica forense e sicurezza informatica, oltre che un rapporto controverso. Infatti, se da una parte la sicurezza informatica ha come obiettivo finale quello di realizzare dei sistemi informatici il più possibile sicuri, dall'altra, nonostante le misure di sicurezza adottate, ci si pone come obiettivo l'estrazione dei dati che devono essere oggetto di analisi forense.

Si potrebbe dunque pensare alla sicurezza informatica da un lato come un elemento di intralcio e dall'altro come fonte di strumenti e opportunità per l'informatica forense. Infatti, l'acquisizione dei dati informatici per l'analisi forense richiede comunque che in qualche modo venga effettuata una sorta di violazione del sistema informatico su cui sono memorizzati, ed in questo campo la stessa sicurezza informatica può essere d'aiuto, in quanto detentrice delle tecniche necessarie per ottenere l'accesso alle informazioni protette. Inoltre, le "best practice" di sicurezza informatica forniscono la conoscenza di molti requisiti dei sistemi che, se opportunamente applicati, potranno in un secondo momento rendere disponibili un gran numero di informazioni aggiuntive utilizzabili per l'analisi forense.

In definitiva, possiamo definire l'informatica forense come la scienza che studia nella sua globalità le forme di trattamento dei dati informatici, al fine di essere utilizzati nell'ambito dei processi giuridici. Racchiude nello specifico il computer forensics, ossia l'insieme delle tecniche e degli strumenti che vengono utilizzati per l'analisi metodologica dei sistemi informatici, nonché l'insieme delle procedure tecnico-organizzative utili a garantire l'integrità e l'autenticità dei dati in esame.

Attualmente, a causa dello sviluppo esponenziale della criminalità informatica, la quale si è evoluta in maniera parallela allo sviluppo tecnologico dei sistemi informatici, le scene dei delitti informatici risultano essere sempre più complesse e vaste. Si rende necessario dunque, in ogni caso, il sequestro e l'analisi di computer, smartphone, e di qualsiasi altro supporto di memorizzazione dei dati, finalizzati all'analisi di e-mail, documenti di testo, fogli di calcolo, cronologia dei browser, basi di dati, backup e log di qualsiasi tipo, con lo scopo di ottenere valide evidenze di reato.

1.2 Quali sono le attività di Computer forensics

Addentriamoci ora maggiormente nello specifico del computer forensics, chiedendoci di cosa effettivamente si occupa e quali sono le attività coinvolte.

Iniziamo col dire che esistono diversi approcci all'analisi dei sistemi informatici conseguente all'identificazione di un possibile illecito.

La classificazione più comune deriva dallo stato di funzionamento dei sistemi oggetto di analisi, quali:

- **Analisi Post-mortem**. Si tratta di un'analisi effettuata a macchina spenta, dopo che un illecito é stato commesso. Si tratta dell'attività più comune, e normalmente prevede il sequestro dell'hard disk e dei dispositivi vari di memorizzazione dei dati, i quali vengono analizzati successivamente in un laboratorio specializzato.

- **Live Forensics Analysis**. Prevede l'uso di tecniche di analisi su sistemi attivi. Questo perché in alcuni tipi di reato, come ad esempio la flagranza di reato per accesso abusivo a sistemi informatici[3], si rende necessario l'estrazione di tracce relative ai

---

[3] Art. 615-ter del Codice Penale. (Accesso abusivo ad un sistema informatico e telematico). Chiunque abusivamente si introduce in un sistema informatico o telematico protetto da misure di sicurezza ovvero vi si mantiene contro la volontà espressa o tacita di chi ha il diritto di escluderlo, è punito con la reclusione fino a tre anni.

procedimenti utilizzati e le attività svolte sul computer che, in questo caso, non sono presenti negli hard disk, bensì sulla RAM (Random Acces Memory), che è volatile e può conservare le informazioni contenute fintanto che il sistema rimane acceso e operativo. Inoltre, spesso i dispositivi di memoria possono essere protetti da cifratura, e l'analisi della RAM può rivelarsi utile anche per l'estrazione delle credenziali d'accesso al sistema.

Un'altra classificazione dell'attività di computer forensics riguarda il suo campo di applicazione:

- **Disk Forensics**. Si tratta di un'attività legata all'estrazione di informazioni dagli hard disk previa clonazione degli stessi attraverso la creazione di copie forensi bit a bit[4] su cui possono essere eseguite una molteplicità di analisi in relazione ai risultati che si desidera ottenere.

- **Memory Forensics**. È riferita al recupero delle informazioni dalla RAM di un computer, la quale presenta un'alta volatilità. L'analisi forense di una memoria RAM può essere particolarmente indicata per recuperare password di sistema o informazioni relative ai processi in esecuzione.

- **Network forensics**. Riguarda l'analisi dei sistemi di rete, al fine di mettere in evidenza eventuali elementi probatori relativi ad uno specifico caso.

- **Internet Forensics**. Possiamo definirla una branca della Network Forensics in quanto utilizza le tecniche e le metodologie proprie delle altre tipologie di computer forensics

---

[4] Una copia forense è la copia bit per bit dei dati digitali presenti su di un dispositivo di memorizzazione di dati digitali verso un altro dispositivo di memorizzazione di dati digitali, in modalità clone o in modalità immagine.

allo scopo di evidenziare gli illeciti che vedono coinvolto l'utilizzo del Web.

1.3 Computer forensics vs Digital forensics

Abbiamo fatto sinora una panoramica del Computer forensics. Entriamo ora nello specifico, ed andiamo a vedere cos'é invece la Digital Forensics di cui ultimamente si sente tanto parlare.

Si tratta semplicemente dell'evoluzione naturale del Computer forensics, progredita al grado massimo di digitalizzazione di tutti i dati, dovuto anche al fatto che ormai il numero di dispositivi digitali che utilizziamo comunemente nella nostra vita é aumentato rispetto al passato in maniera esponenziale.

Si pensi per esempio al fatto che tutte le macchine fotografiche oggi sono pressoché tutte digitali, o che gli smartphone hanno praticamente sostituito tutti i vecchi cellulari, come anche gli e-book reader, i tablet, la possibilità di salvare i propri dati non più solamente su un supporto fisico quale un hard disk, ma anche in rete nei vari cloud (argomento che vedremo in seguito approfonditamente), e così via.

Si ha a questo punto un grosso cambiamento logico rispetto al passato, ossia, i contenuti non sono più legati inscindibilmente al proprio dispositivo, bensì la digitalizzazione dei dati ha reso i contenuti indipendenti dal dispositivo, e quindi fruibili anche da altri supporti fisici. Perché in definitiva la digitalizzazione dei dati consiste proprio in questo: la parte grafica che noi vediamo di un'immagine digitale é solo la crosta superficiale di tutto un mondo sotterraneo fatto di codice esadecimale, sistema binario, e così via. Lo stesso discorso vale per esempio per una canzone fruibile su di un MP3, formata anch'essa nel suo sotto-strato dal codice binario.

Ecco dunque che qualsiasi dispositivo digitale é in grado di leggere tali dati. Da qui la piena compatibilità con tutti i sistemi digitali, e da qui nasce il fatto che l'informatica forense ha dovuto adeguarsi allo sviluppo tecnologico dei sistemi informatici, andando di pari passo con esso.

A questo punto dunque, parlare solo di Computer forensics per riferirsi alle attività di informatica forense sarebbe riduttivo in quanto quello che sta emergendo non é tanto la necessità di una scienza che consenta di esaminare tutti i singoli sistemi come entità a sé stanti, quanto piuttosto come questi interagiscano tra loro e con la rete in generale.

È importante sottolineare che l'introduzione della Digital forensics ha cambiato un po' il modo di agire e di pensare in ambito informatica forense.

Si pensi ad esempio ad una prova fisica, come un'impronta lasciata su di un oggetto. Rovinarla mentre la si esamina é estremamente facile che succeda, e sarebbe deleterio per la prova di reato stessa. Si tratta di un'attività dunque che richiede una cautela quasi maniacale.

Si pensi invece ora ad un file qualsiasi. Se ci pensiamo bene, un file non é un concetto materiale, ma é una semplice astrazione logica che non ha una sua natura fisica. Richiede quindi un'attenzione particolare, bisogna fare un ragionamento diverso sul come salvaguardarlo. Un file può essere copiato, i suoi contenuti esistono quindi su più supporti fisici diversi. Un file non può essere rubato, almeno non nel senso classico del termine: se ne prendo la copia e lascio l'originale al suo posto non ho sottratto nulla al suo legittimo proprietario. Un file può essere alterato, risulta però alquanto difficile dimostrare l'alterazione di qualcosa che esiste solo a livello logico.

2. Il cloud computing

2.1 Che cos'è il cloud computing

Il termine cloud computing sta a indicare un insieme di tecnologie che consentono di archiviare ed elaborare i dati utilizzando risorse hardware e software che non sono dislocate localmente, bensì distribuite in Rete.

Tutto ciò avviene nella classica modalità tipica dei servizi offerti dai provider ai clienti e, grazie a procedure automatizzate di risorse condivise con altri utenti, la configurazione e la personalizzazione dei servizi messi a disposizione diventa in questo modo soggettiva. In pratica, quando l'utente rilascia la risorsa, essa viene similmente riconfigurata nello stato iniziale e rimessa a disposizione degli altri utenti nello spazio dedicato alle risorse condivise.

La grande rivoluzione del cloud computing risiede nel fatto che, nonostante non sia più imprescindibile la condivisione spaziale tra l'utente e i suoi dati, tuttavia l'utente riesce ugualmente a gestirli in maniera remota.

È proprio questo quindi ciò che identifica la grossa potenzialità del cloud computing: la possibilità di gestire online i propri dati che sono dislocati esternamente, anziché utilizzarli all'interno delle quattro mura del proprio studio, ufficio o azienda.

Questo vuol dire che la vecchia concezione che voleva che mentre alcune attività potessero essere svolte tranquillamente offline mentre altre necessitavano di una connessione a Internet, ovvero che é certamente possibile scrivere una lettera con Word senza dover accedere a Internet, ma se voglio inviare una e-mail devo accedere necessariamente al Web, viene messa in discussione dal cloud computing, in quanto esso sposta online tutte queste attività.

Questo significa che per scrivere un documento di testo si potrà accedere direttamente alla Rete utilizzando delle applicazioni online, e da lì si potrà archiviarla nel proprio spazio personale, una sorta di spazio di memoria di massa virtuale dedicato ad ogni utente, e successivamente modificarla e/o spedirla via e-mail. Resta comunque fermo il fatto che il documento di testo potete scriverlo tranquillamente offline e successivamente potete salvarlo sul vostro cloud.

Ovviamente il documento scritto direttamente sul cloud potrà essere utilizzato ovunque ci si trovi e con qualunque sistema tecnologico in grado di connettersi a Internet, senza necessità di portarsi dietro copie di backup dei dati o chiavette USB varie. Basta solo avere una connessione a Internet, anche Mobile, e il gioco é fatto: i nostri dati saranno sempre con noi ed accessibili sempre e ovunque ci troviamo.

Per quanto riguarda la sua infrastruttura, senza addentrarci nei particolari tecnici, accenniamo al fatto che il cloud computing è composto da tre elementi sostanziali: l'immagazzinamento dei dati, i nodi ed un controller.

Le parti attive che giocano un ruolo fondamentale sono rappresentate dal fornitore dei servizi, o cloud provider, che mette a disposizione i servizi di server virtuali, l'immagazzinamento dei dati, applicazioni complete, l'amministratore, che si occupa di scegliere e configurare i servizi offerti, e l'utente finale che utilizza i servizi acquistati e configurati dall'amministratore.

La forza straordinaria del cloud computing, quindi, sta nel fatto che i nostri dati in esso depositati sono memorizzati in un server dislocato lontano da noi e, come tutti i contenuti sul Web, possono essere accessibili ovunque e con qualsiasi dispositivo.

2.2 I servizi cloud

Affrontiamo ora la tematica relativa ai vari tipi di servizi che il cloud offre.

Generalmente, si possono distinguere tre tipologie fondamentali di servizi cloud computing:

- **SaaS (Software as a Service)** - Consiste nell'utilizzo su Internet di applicazioni installate su un server remoto. Il SaaS è identificato anche come un modello di software "on demand" distribuito come servizio in hosting. In pratica, all'utente viene messo a disposizione un ambiente completo con l'applicazione pronta ad essere utilizzata, sollevandolo così dalla responsabilità e dall'onere dell'installazione dell'applicazione, della sua configurazione, e della configurazione del sistema host che eseguirà l'applicazione.

- **DaaS (Data as a Service)** - Con questo servizio, invece, vengono messi a disposizione dell'utente solamente i dati ai quali é possibile accedere via Web con qualsiasi applicazione, ed utilizzarli proprio come se fossero residenti su un disco locale.

- **HaaS (Hardware as a Service)** - Con questo servizio, infine, l'utente utilizza delle apparecchiature hardware situate in località remote. In sostanza, invia i propri dati che vengono successivamente elaborati da questi computer remoti che sono messi a disposizione dell'utente.

A questi tre servizi principali, che riguardano le basi sostanziali dell'Informatica, ovvero software, hardware e i dati che entrambi gestiscono, se ne integrano altri due:

- **PaaS (Platform as a Service)** – In questo caso si tratta di una tipologia di servizio cloud in cui, oltre a poter utilizzare l'hardware remoto, é fornita anche la piattaforma software su cui l'hardware stesso si basa, consentendo così di usufruire di un vasto set di funzionalità. Ciò vuol dire che, anziché uno o più programmi singoli, viene eseguita in remoto un'intera piattaforma software che può essere costituita da diversi servizi, programmi, librerie, etc.

Il PaaS offre in definitiva il vantaggio all'utente di concentrarsi solo ed esclusivamente sullo sviluppo dell'applicazione, tralasciando tutte le problematiche legate all'ambiente in cui dovrà essere distribuita.

- **IaaS (Infrastructure as a Service)** - IaaS rappresenta il livello di astrazione più basso e corrisponde all'utilizzo di una macchina virtuale che l'utente può configurare con un livello di granularità molto fine, adattandola alle proprie esigenze nel modo più opportuno.

La caratteristica dello IaaS è che le risorse vengono messe a disposizione su richiesta al momento in cui una piattaforma ne ha bisogno. Con il cloud Iaas l'utente ha la possibilità di elaborare e immagazzinare i dati, oltre che distribuire ed eseguire software arbitrario, che può includere sistemi operativi e applicazioni.

Che cosa significa tutto questo? Che in definitiva con questo servizio abbiamo a disposizione una completa virtualizzazione dell'hardware di un server tradizionale.

Le infrastrutture di tipo IaaS sono gestite tramite un sistema di virtualizzazione che consente la creazione di istanze virtuali ai clienti: non viene fornito alcun supporto gestionale, pertanto il cliente è libero di creare una propria infrastruttura virtuale all'interno del cloud, facendo uso di componenti di rete e di storage.

Il vantaggio di questa soluzione è appunto la capacità di controllo consentita all'utente. Ossia, una volta scelto l'hardware più opportuno con il contratto di fornitura del servizio, è poi possibile sfruttare da remoto, anche con computer poco potenti o da cellulari, la potenza presente sui server ed eseguire elaborazioni complesse e che possono chiedere molto tempo.

2.3 Architettura informatica del cloud computing

Per riassumere, diciamo che l'architettura informatica del cloud computing prevede il dispiegamento di potenti server che sono fisicamente dislocati presso il data center del fornitore del servizio, su cui sono installati i software e gli applicativi che gli utenti utilizzeranno in maniera remota collegandosi al Web ed autenticandosi al sistema remoto.

Il fornitore dei servizi, oltre all'infrastruttura hardware, mette a disposizione le interfacce software che consentono agli utenti di gestire i propri servizi e i propri dati. Il cliente amministratore, poi, utilizza tali interfacce per selezionare il servizio richiesto (ad esempio un server virtuale completo oppure solo la possibilità di immagazzinamento dati) e per amministrarlo (configurazione, attivazione, disattivazione).

Al cliente finale non rimane altro che utilizzare il servizio configurato dal cliente amministratore. A questo punto, trattandosi di un utilizzo remoto delle risorse, le caratteristiche fisiche dell'implementazione, l'hardware del server, i software installati, la locazione del server remoto, divengono di fatto irrilevanti per l'utente finale.

2.4 Sicurezza informatica e privacy: problematiche e rischi

Affrontiamo ora il problema della sicurezza[5] del cloud.

---

[5] Se volete acquisire maggiori informazioni sulla sicurezza informatica vi consiglio la lettura del libro "La sicurezza delle informazioni nel contesto

Nello specifico, cerchiamo di capire da cosa nasce questa diffusa e persistente diffidenza nei confronti del cloud, quasi sempre legata ai temi della sicurezza dei propri dati e della privacy, e che ne rallenta la diffusione tra gli utenti.

Il timore di affidare i propri dati ad un server remoto scaturisce dal dubbio che s'insinua in ogni nuovo utente che approccia il cloud, così abituato a fare affidamento sul proprio hard-disk e su supporti USB vari su cui deposita il salvataggio dei propri dati, il quale si chiede se può davvero fidarsi di lasciare i propri dati all'interno di una struttura esterna, non direttamente controllabile da lui stesso.

Pur essendo uno dei settori del mercato IT in forte espansione, non si può comunque nascondere il fatto che esiste un problema legato all'aspetto tecnico sul come è implementata la sicurezza del sistema, e conseguentemente i rischi che corrono i dati salvati nel cloud. Inoltre, da non trascurare vi sono anche i problemi di tipo giurisdizionale e normativo che rappresentano assieme un ostacolo alla diffusione del cloud, con ripercussioni negative a danno di tutti i soggetti coinvolti.

Tuttavia, le preoccupazioni maggiori che fungono da freno inibitore sull'utilizzo del cloud provengono sostanzialmente dal timore di accessi non autorizzati ai propri dati, col conseguente rischio di una eventuale perdita dei dati.

Entriamo ora più nello specifico della problematica. Sembra piuttosto plausibile il fatto che, affidando i propri dati ad un sistema remoto di cui non si conosce né la sua struttura interna, né la dislocazione fisica, né tantomeno il personale addetto, ci sia di

---

evolutivo del binomio comunicazione-informatica" dello stesso autore, reperibile su https://www.amazon.it/dp/1976964865

conseguenza una certa diffidenza nei confronti del luogo dove verranno salvati i dati.

Il motivo scatenante risiede nel fatto che con l'utilizzo del cloud l'utente perde il controllo diretto ed esclusivo dei propri dati, per cui la riservatezza e la disponibilità delle informazioni spostate sull'infrastruttura esterna dipendono, oltre che dai comportamenti dell'utente, anche e soprattutto dai meccanismi di sicurezza adottati dal service provider, e che occorre in qualche modo studiare e valutare in anticipo.

Sorge inoltre un ulteriore patema d'animo se si considera che il servizio cloud che si vuole utilizzare potrebbe essere il risultato finale di una catena di trasformazione di servizi acquisiti presso altri service provider, diversi dal fornitore con cui l'utente stipula il contratto di servizio. In questo modo si insinua una certa confusione nell'utente, il quale non sempre si trova nelle condizioni di sapere chi, tra i vari gestori dei servizi intermedi, può accedere a determinati dati.

Un altro aspetto da non trascurare è che la conservazione dei dati in luoghi geografici diversi da dove risiedono gli utenti ha dei riflessi immediati, sia sulla normativa applicabile in caso di contenzioso tra l'utente e il fornitore, sia in relazione alle disposizioni nazionali che disciplinano il trattamento, l'archiviazione e la sicurezza dei dati.

Alla luce di quanto sin qui esposto, diventa palese il fatto che i diversi aspetti legati alla privacy ed alla sicurezza dei dati nel cloud, devono necessariamente essere analizzati da due punti di vista distinti.

Un primo punto che considera l'aspetto legato alla sfera legale e normativa del trattamento dei dati, ed un altro punto puramente tecnico che concerne tutte le soluzioni che deve adottare il provider per implementare una struttura in grado di garantire la sicurezza dei dati e proteggerli da furti, manipolazioni o comunque accessi non autorizzati.

È bene inoltre evidenziare come, l'adozione di servizi cloud e l'esternalizzazione dei dati, non esimono comunque le aziende che se ne avvalgono dalla responsabilità di trattare e proteggere i dati in maniera opportuna.

Il trattamento di dati personali richiede in ogni caso un'attenta valutazione dei rischi legati alla sicurezza e alla fruibilità delle informazioni, indipendentemente dalle modalità di gestione e da chi le effettua, senza tralasciare ovviamente di tenere in considerazione le particolari caratteristiche che hanno le nuove tecnologie.

È bene dunque chiarire con una buona dose d'onestà intellettuale che, nonostante l'adozione di forti misure di sicurezza, l'utilizzo di un servizio di cloud computing per memorizzare dati personali o sensibili espone comunque l'utente a potenziali problemi di violazione della privacy e di conseguenza a rischi inerenti all'integrità dei dati. Anche perché, i dati personali vengono memorizzati sui server di aziende che spesso risiedono in uno Stato diverso da quello dell'utente.

Il cloud provider, poi, nell'ipotetico caso che dovesse adottare un comportamento illecito, avrebbe la possibilità di accedere ai dati personali, con tutto ciò che ne potrebbe conseguire per gli utenti.

Non sono da meno, in termini di vulnerabilità dei sistemi di sicurezza dei dati, i collegamenti wireless. Infatti, con essi il rischio sicurezza aumenta e si è maggiormente esposti ad azioni di pirateria informatica a causa della minore sicurezza offerta dalle reti senza fili. In presenza di atti illegali verso i dati personali degli utenti, il danno potrebbe essere molto grave, con difficoltà di raggiungere soluzioni giuridiche e/o rimborsi se il fornitore risiede in uno Stato diverso dall'utente. Ovviamente, nel caso di dati aziendali il rischio é maggiore in quanto sono seriamente esposti a eventuali casi di spionaggio industriale.

Un'altra problematica può essere rappresentata dalla continuità del servizio offerto. Infatti, il fatto di dover delegare esternamente la gestione dei propri dati porta l'utente a trovarsi fortemente limitato nel caso in cui i suddetti servizi non dovessero essere operativi.

Un eventuale malfunzionamento, inoltre, colpirebbe un numero molto elevato di persone contemporaneamente, dal momento che questi sono servizi condivisi. Anche se i migliori servizi di cloud computing utilizzano architetture ridondate e personale qualificato al fine di evitare malfunzionamenti del sistema e ridurre la probabilità di guasti visibili dall'utente finale, non eliminano del tutto il problema.

Bisogna anche considerare che molto dipende dalla velocità di connessione Internet sia in download che in upload, e che anche nel caso di una interruzione della connessione dovuta al proprio Internet Service Provider/ISP si ha la completa paralisi delle attività.

Infine, per concludere con le problematiche connesse, vi é la difficoltà di migrazione dei dati nel caso di un eventuale cambio del gestore dei servizi cloud. In effetti, non esistendo uno standard definito tra i gestori dei servizi, un eventuale cambio di operatore risulterebbe estremamente complesso. Tutto ciò sarebbe infine deleterio in caso di fallimento del gestore dei servizi cui ci si è affidati.

Affrontiamo ora gli aspetti giuridici e normativi legati al cloud computing.

Dobbiamo dire che attualmente manca ancora un quadro normativo aggiornato in tema di privacy, in ambito civile e penale, che tenga conto di tutte le novità introdotte dal cloud computing e che sia in grado di offrire adeguate tutele nei riguardi degli aspetti giuridici legati all'utilizzo di questo servizio.

Tuttavia, in attesa di una normativa nazionale e internazionale aggiornata e uniforme che consenta di governare il fenomeno cloud ed il trattamento dei dati senza rischiare di penalizzare l'innovazione e le potenzialità di sviluppo di questa nuova tecnologia, è necessario che le imprese e la pubblica amministrazione prestino particolare attenzione ai rischi connessi all'adozione dei servizi di cloud computing, anche in relazione agli aspetti di protezione dei dati personali.

Il titolare e il responsabile del trattamento (la pubblica amministrazione o l'azienda, che trasferisce del tutto o in parte il trattamento sul cloud) deve procedere a designare il provider dei servizi cloud come "responsabile del trattamento".

Il provider, in base alla tipologia dei servizi offerti si assume la responsabilità di preservare la riservatezza, l'integrità e la disponibilità dei dati, e l'utente, da parte sua, al momento della stipula dei contratti di servizio dovrà tenere in debito conto gli accorgimenti previsti per garantire il corretto trattamento dei dati immessi nel cloud.

Prima di adottare un sistema basato sul cloud computing, quindi, sarebbe fortemente auspicabile valutare con attenzione il rapporto che vige tra i rischi e i benefici derivante dall'utilizzo di questa tecnologia, cercando in primis di ridurre i rischi attraverso una attenta verifica dell'affidabilità del provider al quale ci si intende rivolgere.

Per quello che concerne invece le policy e i firewall, l'aspetto tecnico riguarda le policy di sicurezza implementate nei firewall a protezione dell'infrastruttura e di disaster recovery[6] in caso di incidenti di sicurezza. Si consideri che i fornitori di cloud sono tanti, ed ognuno adotta le proprie policy e le proprie SLA (Service Level Agreement).

È consigliabile quindi che un utente che decide di affidarsi al cloud valuti attentamente come il provider candidato a fornire i servizi cloud affronta e gestisce il problema della sicurezza e della privacy dei dati. Anche perché, le infrastrutture odierne hanno un bisogno di sicurezza sempre crescente, soprattutto rispetto al passato, in quanto gli attacker sono sempre più specializzati ed accaniti, per cui un security manager deve far ricorso a tutta la propria esperienza e tecnologia che il mercato offre per poter avere qualche possibilità di respingere un attacco informatico.

L'esperienza, in particolare, diventa un valore aggiunto nel momento della configurazione dei server e nella definizione delle policy di sicurezza dei firewall.

L'utente deve quindi poter valutare come il provider si muove, e scegliere tra le offerte che maggiormente sono orientate verso la sicurezza e che possano garantire una certa tranquillità nel momento in cui si depositano i propri dati su un'infrastruttura remota.

Quali sono i servizi che dovrebbero essere offerti in ambito sicurezza e privacy nelle soluzioni di cloud computing?

---

[6] Maggiori informazioni su questo tema possono essere trovate sul libro "Guida alle strategie di backup dei dati" dello stesso autore, reperibile su: https://www.amazon.it/dp/B09WPZVVBQ

Sicuramente una prima caratteristica da valutare è se il provider ha acquisito certificazioni e accreditamenti, come la certificazione ISO/IEC 27001 e le verifiche su SAS70 type II nel rispetto della norma internazionale che riguardo i requisiti utili ad un sistema per essere classificato come un "Sistema di Gestione della Sicurezza delle Informazioni affidabile e garantito".

Un cloud sicuro deve consentire il controllo ed assicurare l'identificazione e la gestione degli accessi al servizio mediante anche cifratura dei dati. Inoltre, un servizio necessario è la possibilità di monitorare e verificare la sicurezza dei dati sensibili, come anche la possibilità di effettuare backup, storage e ridondanza dei server per assicurare la continuità dell'operatività sui dati e il recupero dei dati in caso di disastri.

Questi servizi, se presenti ed opportunamente predisposti, consentono agli utenti di avere sotto controllo tutti i flussi di dati e le informazioni in loro possesso in piena sicurezza.

L'aspetto della sicurezza dell'accesso può essere rinforzato con l'utilizzo di protocolli sicuri, come https e SSL (secure sockets layer), ed una appropriata gestione degli eventi, per avere sempre sotto controllo il proprio cloud e permettere quindi di intervenire tempestivamente in caso di eventi anomali.

In conclusione di questo breve excursus sulla sicurezza del cloud, possiamo affermare che la sfida è dunque sempre quella di offrire un servizio in piena sicurezza e modificare la percezione negativa degli utenti nei confronti di una tecnologia basata interamente sulla rete.

Occorre non solo configurare i sistemi e fare il backup, ma seguire la lunga lista delle ultime vulnerabilità; basta una sola falla per rendere un sistema insicuro e instabile. Se tutti questi fattori sono presi seriamente in considerazione, il cloud computing può raggiungere i livelli di sicurezza di un classico sistema interno, permettendo agli utenti di condividere i dati senza bypassare i controlli di sicurezza.

Dunque, prima di affermare che il cloud è meno sicuro dei sistemi interni, bisognerebbe prendere in esame tutti i parametri di sicurezza adottati e farne un'attenta analisi, in quanto, come abbiamo visto, il cloud non è meno sicuro dei sistemi tradizionali, messi troppo spesso a rischio dai comportamenti inopportuni degli utenti.

Si sa che i timori maggiori degli utenti riguardano principalmente la cessione dei propri dati sensibili in contraddizione con le leggi sulla privacy, ma questo aspetto deve essere superato guardando all'affidabilità del provider e concentrandosi sul fatto che il cloud è a tutti gli effetti uno spazio sul Web che offre un insieme di servizi in un'infrastruttura scalabile e flessibile accessibile e gestibile ovunque e con qualsiasi dispositivo attraverso accessi criptati e certificati, con un risparmio di costi per acquisizione e manutenzione.

Altrimenti, l'unica soluzione possibile è di non usare nessun dispositivo, perché ricordatevi che l'unico computer che possiamo ritenere davvero sicuro è quello spento.

3. Cloud forensics

3.1 Che cos'è il cloud forensics

Quando parliamo di cloud forensics, ci riferiamo in genere ad attività di investigazione forense il cui ambito di azione risiede in quello spazio di intersezione tra il cloud computing e l'analisi del network forensics.

Abbiamo già visto nel capitolo precedente come il cloud computing sia in effetti un servizio di rete con cui é possibile interagire a prescindere dalla posizione geografica in cui ci si trova rispetto al fornitore del servizio. Infatti, non sussiste alcun collegamento spazio-temporale tra gli utenti e i dati cui essi accedono.

Un esempio lampante di un servizio di cloud computing é quello dell'email. Infatti, la nostra posta non risiede fisicamente sul computer o smartphone che utilizziamo ma nei server remoti a cui ci colleghiamo. I dati vengono depositati sul cloud e noi possiamo accedere alle nostre e-mail da qualsiasi luogo remoto e con qualsiasi dispositivo informatico.

Per quanto riguarda invece l'analisi del network forensics, diciamo che fa in qualche modo parte della vasta branca del Digital forensics, il quale si occupa del monitoraggio e la successiva analisi del traffico dei dati in rete con lo scopo di acquisire informazioni per scopi investigativi.

Network forensics vuol dire in sostanza l'analisi a scopo investigativo del traffico di dati e informazioni che viaggiano in rete, le quali potrebbero essere le uniche prove di una eventuale intrusione o di attività maldestre nella rete. Ecco perché viene fatta l'analisi del network forensics, anche se non sempre si rende necessario. Ciò è dovuto al fatto che un malintenzionato lascia spesso delle tracce sull'hard disk dei dispositivi informatici che utilizza, nei file di log o nella cronologia degli eventi e azioni.

Pare ovvio che, se la persona in questione è molto attenta a non lasciare tracce fisiche evidenti sul computer che sta manipolando, l'unico modo per catturarlo é quello di analizzare il traffico della rete alla ricerca di dati trasmessi o ricevuti.

L'abilità quindi di chi effettua l'analisi del network forensics sta nel riuscire a separare i dati "buoni" da quelli "cattivi", riuscendo ad evidenziare solo quelli che riguardano effettivamente la trasmissione dei dati oggetto d'indagine.

Una volta descritto il cloud computing ed il network forensics in generale, comprendiamo meglio ora cos'è il cloud forensics.

Si tratta in sostanza del complesso delle attività investigative a scopo forense che abbracciano sia i dati salvati nel cloud che la loro circolazione nella rete. Inutile dire che gestire il cloud dal punto di vista dell'investigazione digitale non é cosa semplice e presenta delle difficoltà.

Possiamo riassumere in tre elementi sostanziali le tipologie di problemi che si possono riscontrare:

- aspetti tecnici legati alla struttura stessa dei cloud e alla sua implementazione;

- aspetti legali riguardanti sia il provider che si occupa della gestione del cloud e sia l'utente finale che utilizza i propri dati;

- aspetti organizzativi in quanto l'indagine e l'analisi del cloud forensics implica una complessa e necessaria gerarchia di specialisti in diversi settori che interagiscono tra di loro.

Entriamo ora un poco di più nello specifico del cloud forensics.

Iniziamo col dire che, a prescindere dal servizio offerto dal cloud computing, il recupero delle informazioni che transitano da e verso il servizio avviene generalmente tramite tre tecniche che andremo ad analizzare nei prossimi paragrafi. Si tratta dell'analisi degli artifact, l'analisi del traffico, la richiesta di collaborazione da parte del provider.

3.2 Analisi degli artifact

Nonostante il cloud computing consenta una gestione dei dati ivi depositati in maniera assolutamente remota, è bene ricordare che per accedere a tali dati c'é bisogno comunque di un supporto informatico locale, quale un computer o uno smartphone.

Ed è proprio questo l'anello debole della catena. Di per sé il cloud é sicurissimo, ma sono i supporti informatici utilizzati per accedervi che rappresentano una fonte di rischio per la sicurezza dei dati.

Questo vuol dire che sul dispositivo utilizzato per connettersi ai dati salvati nel cloud rimangono inevitabilmente delle tracce, i cosiddetti artifact, come ad esempio i cookie, la cronologia delle azioni effettuate, la cache e vari file temporanei. L'analisi di questi elementi può aiutare non solo a mappare i servizi utilizzati, ma anche parte del loro contenuto.

Vediamo allora di che cosa si tratta, e quali sono le tecniche investigative utilizzate per accedere agli artifact.

Iniziamo con i cookie.

Non sono altro che le tracce e le informazioni che rimangono memorizzate sotto forma di file di piccole dimensioni che contengono al loro interno del testo.

Essi vengono salvati in locale ogni qual volta che ci si collega alla rete e si visitano i vari siti Web. Esistono in generale tre tipi di cookie.

I cookie persistenti, ossia quelli che una volta chiuso il browser non vengono cancellati in automatico in quanto presentano una data di scadenza preimpostata.

Un'altra categoria di cookie, invece, viene distrutta in automatico ogni volta che il browser viene chiuso, e prendono il nome di cookie di sessione.

Una terza famiglia di cookie è rappresentata dai cookie di profilazione, materia tra l'altro disciplinata ultimamente da specifiche norme, utilizzati per tracciare la navigazione dell'utente e creare profili che inglobano i suoi gusti e le sue abitudini.

I cookie, quindi, mentre da un lato possono migliorare la nostra navigazione, dall'altro possono mettere a repentaglio sia la nostra privacy che la sicurezza delle nostre informazioni. Se da una parte abbiamo il vantaggio di non dover inserire sempre i nostri dati ogni volta che compiliamo per esempio un form o le nostre preferenze di visualizzazione di un dato sito Web, in quanto il server trasforma le nostre informazioni in cookie e li invia al nostro browser così quando ci ricolleghiamo possiamo collegarci velocemente ed avere i nostri dati belli e pronti là, dall'altra si crea un buco nella privacy e nella sicurezza. Ciò è dovuto al fatto che, ogni volta che accediamo tramite il nostro browser ad un sito Web, lasciamo comunque molte informazioni su di noi nella Rete, nonostante esse ci possono tornare utili successivamente.

Quali dati vengono effettivamente lasciati?

Oltre ai nostri dati e le preferenze che abbiamo appena descritto, lasciamo traccia del nome e indirizzo IP del nostro computer, la marca del browser, il sistema operativo in uso, la URL della pagina Web visitata.

Come accedere al contenuto dei cookie?

Basta un semplice editor di testo per leggerne i dati riguardanti i siti visitati e le operazioni effettuate e tante altre informazioni che ci riguardano.

Un altro artifact, la cui analisi fornisce molte informazioni interessanti, è la **cronologia delle azioni** effettuate e le tracce che tali azioni lasciano sul computer. Non é difficile infatti risalire ai file che sono stati aperti e ai programmi che sono stati utilizzati.

Questo perché il sistema operativo Windows registra la cronologia delle attività degli utenti nei cosiddetti file di registro, chiamati anche file di log, cui è semplicissimo accedervi tramite il visualizzatore degli eventi di Windows e leggerne successivamente i contenuti.

C'è da sottolineare che, anche se questi file di log possono essere cancellati dagli utenti che desiderano proteggere la propria privacy, esiste tuttavia un sistema che consente di recuperare la cronologia cancellata.

Uno di questi è l'utilizzo della funzione "Ripristino Configurazione di Sistema". È il metodo più facile e veloce per recuperare i file e la cronologia delle attività. Dal momento che buona parte della cronologia viene salvata nel registro di Windows, ripristinare quest'ultimo ad una configurazione precedente consentirà di recuperare sia i file che la cronologia dei programmi utilizzati.

Un altro sistema è quello di utilizzare direttamente il registro di Windows, in quanto esistono dei file di log, gli "index.dat", che sono indipendenti sia dal registro che dai log dei singoli programmi.

A proposito di file cancellati dall'utente, operazione effettuata sia per motivi di privacy o anche per nascondere il fatto di averli utilizzati e trasmessi, esiste la possibilità di accedere comunque ai file eliminati. Questo perché, nonostante il fatto che quando si cancellano dei file essi finiscono ovviamente nel cestino, esiste comunque la possibilità di recuperarli, anche dopo aver svuotato il cestino.

I file in effetti non vengono cancellati definitivamente, ma viene soltanto detto al sistema che lo spazio da loro occupato può considerarsi libero e riutilizzabile da altri dati. Windows quindi non cancella definitivamente i file eliminati, in quanto ogni eliminazione sarebbe lenta e rallenterebbe tutto il sistema a discapito delle attività svolte dall'utente; risulta molto più veloce quindi eliminare i riferimenti a questi file piuttosto che il file stesso.

Pertanto, sino a quando quello spazio sul disco non viene riscritto, i file, quelli che Windows non vede più, possono invece essere facilmente recuperati utilizzando alcuni software particolari che servono per annullare la cancellazione dei vari file e per recuperare i file log eliminati, i registri di attività e utilizzo, i log dei programmi, la cronologia del registro di Windows e i file index.dat.

Premesso che la maggior parte dei browser consentono anche di navigare in privato o in incognito evitando che vengano salvati dati sul computer e per cancellare le tracce di navigazione Web eliminando così file in cache e cookie, c'è da dire che comunque, come abbiamo appena visto, esiste la possibilità di recuperare le tracce e i file cancellati.

Tuttavia, in caso di navigazione "normale", i browser tengono in memoria tutti i siti Web visitati in una cronologia che viene salvata in alcune cartelle interne del sistema, incluso ovviamente l'applicativo usato per trasmettere i propri dati al cloud o riceverli da esso.

Utilizzando diversi strumenti informatici si possono estrarre le informazioni dalla cache, una sorta di memoria temporanea, e vedere quali siti sono stati visitati di recente da quel determinato dispositivo informatico e quello che è stato scaricato sul computer.

E non è tutto, non solo ci sono dei programmi che consentono di vedere la cronologia dei siti Web, ma esistono anche dei programmi che permettono di visualizzare le login e le password utilizzate nei siti, inclusi ovviamente quelli adoperati per comunicare con i propri dati ritenuti sicuri nel cloud.

Un'altra opzione di Windows che ci consente di ottenere molte informazioni utili sull'uso che è stato fatto di un determinato computer è la **lista degli ultimi file** aperti, modificati e creati di recente. È possibile accedere a tali informazioni direttamente dal menu Start di Windows oppure, per ogni programma, dal menu File che in genere elenca la cronologia degli ultimi file aperti con i relativi shortcut per accedervi.

Ci sono infine dei **pacchetti software** completi, delle vere e proprie piattaforme tecnologiche di informatica forense, che sono in grado di visualizzare l'intera attività di un computer o di un utente in particolare, anche andando a ritroso nel passato e persino anche dopo che l'hard disk sia stato formattato per eliminare ogni traccia dei dati.

3.3 Analisi del traffico

Abbiamo visto nel paragrafo precedente come sia possibile analizzare gli artifact, ossia le tracce che rimangono visibili sul computer locale che viene utilizzato per connettersi al cloud. Se in questo caso si riesce ad intercettare parte delle informazioni che possono ricondurre ai dati salvati nel cloud, con il network forensics invece, che andremo a vedere ora, attraverso l'analisi del traffico dei dati dal computer locale al cloud e viceversa è possibile intercettare tutti i pacchetti d'informazione che transitano, ed accedere così ai dati del cloud.

È chiaro che ci sono spesso delle difficoltà oggettive ad effettuare un'analisi efficace, questo è dovuto al fatto che la maggior parte dei servizi di rete utilizzano SSL (Secure Sockets Layer) per trasportare i dati. Si tratta di una tecnologia in grado di stabilire una connessione criptata tra il browser utilizzato dal computer locale e il Web server che ci consente di collegarci al cloud.

Questo tipo di connessione fa in modo che tutti i dati che transitano tra il server ed il computer locale rimangono integri ed inaccessibili. In genere, per ovviare a questo inconveniente, si può utilizzare una sonda in grado di catturare i dati e che viene posta direttamente all'interno del cloud, cosa comunque che non sempre è fattibile, oppure può essere installato un file di piccole dimensioni nel computer locale con un codice malefico al suo interno in grado di intercettare il flusso dei dati prima ancora che vengano incanalati nel SSL e quindi crittografati.

C'è da considerare comunque che il networking in generale non è un territorio di facile conquista. Esistono diversi pacchetti software che consentono all'amministratore della rete di gestire, controllare e blindare la propria infrastruttura di rete in maniera sicura ed efficace, riuscendo inoltre a monitorare tutti i tratti della rete.

Ci sono in primis gli strumenti messi a disposizione dal sistema operativo, i quali consentono abbastanza efficacemente di effettuare le prime analisi per la verifica di potenziali punti di attacco del sistema.

Un esempio può essere rappresentato da "netstat", un applicativo che consente di avere un report delle connessioni attive, verso quale indirizzo, lo stato, e il processo che mantiene il controllo di quella connessione.

Un altro strumento nelle mani dell'amministratore di sistema per il controllo e la verifica di eventuali attacchi è il firewall.

Il suo compito è quello di controllare il traffico dati in ingresso usando delle regole e dei filtri definiti dall'amministratore per stabilire se un programma sia o meno abilitato ad accedere alla rete. Il filtro dei dati viene fatto in base ad un indirizzo IP ed a nomi di dominio, porte e protocolli, o anche in base ai dati trasmessi.

In sostanza, se opportunamente istruito attraverso la configurazione dei filtri necessari, il firewall riesce a garantire sufficiente sicurezza bloccando o consentendo per esempio l'accesso a tutti i dati provenienti da un indirizzo IP specifico, o da un dominio specifico, o a tutti i pacchetti che contengono particolari stringhe di dati. Può inoltre chiudere, o aprire a seconda dei filtri impostati, alcune porte specifiche o abilitare determinati protocolli.

Esistono infine in commercio molti strumenti software a disposizione degli amministratori di sistema che sono in grado di garantire sicurezza alle infrastrutture di rete e blindarle da attacchi esterni.

Ma ovviamente, per quanto possa essere sicura e blindata, ogni cassaforte ha il suo punto debole ed è attaccabile dall'esterno.

Vediamo come.

Ebbene sì, esistono anche altri software, altrettanto molto potenti, che anche di fronte a forti blindature sono capaci di aprire delle connessioni di rete e rendere le porte disponibili al mondo esterno.

Intendiamoci, alcuni di questi software agiscono lecitamente, ad esempio per consentire la comunicazione con alcuni servizi necessari agli utilizzatori della rete, come "telnet", o il classico "ftp" che utilizziamo per fare il download o l'upload dei dati; altri software invece aprono delle connessioni che sono indispensabili per il proprio funzionamento, come il browser o i client di posta elettronica.

Ma ci sono anche alcuni software che aprono in maniera arbitraria delle porte per favorire l'accesso dall'esterno ad utenti non autorizzati. Uno di questi è quello che viene definito lo sniffer dei pacchetti, ossia uno strumento software capace di catturare tutto il traffico di rete in maniera non invasiva; consente di visionare i pacchetti che contengono i dati che transitano sulla rete catturandoli, ma senza bloccarli, né modificarli.

Se però da una parte uno sniffer rappresenta uno strumento potente nelle mani di un amministratore di rete, in quanto col suo utilizzo riesce ad identificare eventuali anomalie ed intrusioni, dall'altra costituisce un cavallo di troia a disposizione di malintenzionati o di chiunque voglia catturare dei dati ed analizzarli, quale può essere per esempio un investigatore dedito al network forensics.

Perché è proprio questa la forza dei software come lo sniffer, cioè quella di riuscire a catturare i pacchetti di informazione in transito nella rete, da e per il cloud, ed accedere ai dati in essi contenuti, senza modificarli e quindi senza lasciare alcuna traccia dell'avvenuta acquisizione.

3.4 Richiesta di collaborazione da parte del provider

Per concludere questo capitolo, se l'analisi del cloud forensics non ha prodotto gli effetti sperati, né analizzando gli artifact, né tantomeno con il network forensics, allora all'investigatore forense non rimane altro che chiedere un supporto investigativo ai provider, sia ai fornitori dei servizi di rete ma anche a quelli che gestiscono il cloud.

Premesso che l'accesso ai dati del cloud è cosa pressoché difficilissima, se non impossibile, dovuto al fatto che i provider tendono a garantire al massimo la discrezione e riservatezza dei dati dei propri clienti, pena la perdita di fiducia da parte degli stessi con conseguente perdita di commissioni e denaro, non rimane altro che perseguire la strada della richiesta di collaborazione ai provider che gestiscono tutto il flusso dei dati dai computer locali sino al cloud.

La politica che l'analista del cloud forensics deve avere sempre in mente è quella che, se non riesce ad accedere ai dati di interesse direttamente dal cloud, deve allora farlo seguendo il loro tragitto dal computer di partenza fino all'ingresso del cloud.

Anche in questo caso, però, sussistono dei problemi oggettivi.

Se il fornitore del servizio a cui ci rivolgiamo per chiedere collaborazione alle nostre indagini risiede in Italia non dovrebbero esserci problemi di sorta, visto le norme giuridiche che disciplinano le indagini giudiziarie, lo stesso dicasi in caso di provider di nazioni europee o nazioni che abbiamo stipulato un accordo bilaterale con l'Italia.

In caso contrario, potrebbe iniziare un lungo processo burocratico con scambio di comunicazioni tra gli inquirenti e il provider estero. Il tutto si tradurrà in lunghi procedimenti di particolare complessità per riuscire ad accedere ai dati oggetto di indagine.

4. La disciplina giuridica che regola l'informatica forense

Andiamo ora a vedere le leggi alla base dell'infrastruttura del diritto penale dell'informatica.

Il sempre più crescente numero di reati informatici, agevolato soprattutto dall'evoluzione tecnologica e dall'ormai inevitabile utilizzo di Internet, hanno fatto sì che la giurisprudenza italiana, in forte ritardo rispetto agli altri stati esteri che si sono mossi sin dagli anni Ottanta all'insorgere dei crimini informatici, si adoperasse finalmente per costruire un'infrastruttura legale in grado di contrastare questo fenomeno.

In effetti, il nostro Parlamento si è mosso con un certo ritardo nel porre rimedio alle lacune esistenti nell'ordinamento giuridico, in quanto solo alla fine del 1993 è stata approvata la legge 23 dicembre n. 547 che per la prima volta introdusse delle norme in tema di criminalità informatica.

Ad onor del vero, prima dell'introduzione di questa legge, erano già stati fatti alcuni timidi interventi legislativi in tema di crimini informatici, ma erano riusciti solo a sfiorare la tematica in questione.

La legge 18 maggio 1978 n. 191, per esempio, attraverso la quale era stato introdotto nel codice penale l'art. 420 che, nel sanzionare l'attentato ad impianti di pubblica utilità, menzionava espressamente anche gli impianti di elaborazione di dati (norma oggi integralmente sostituita dall'art. 2 della legge 547).

Inoltre, la legge 1° aprile 1981 n. 121, contenente il "Nuovo ordinamento dell'Amministrazione della Pubblica Sicurezza", aveva istituito un Centro di elaborazione dati presso il Ministero dell'Interno.

Più tardi, negli anni Novanta, vennero emanate altre disposizioni relative ai reati informatici. L'art. 12 della legge 5 luglio 1991 n. 197, per esempio, che punisce l'uso indebito di carte di credito, o l'art. 10 del decreto legislativo n. 518 del 1992 che tutela penalmente tutta una serie di condotte assimilabili ad atti di pirateria informatica.

Arriviamo così agli atti normativi più recenti che riguardano la tutela della privacy e dei dati, rappresentati dalla legge n. 675 del 1996 sulla "Tutela delle persone e di altri soggetti rispetto al trattamento dei dati personali" e dal decreto legislativo n. 169 del 1999 che parla di "Attuazione della direttiva 96/9/CE relativa alla tutela giuridica delle banche di dati".

Vale la pena infine menzionare le norme a tutela dei minori contro la pornografia infantile su Internet con la legge 3 agosto 1998, n. 269, "Norme contro lo sfruttamento della prostituzione, della pornografia, del turismo sessuale in danno dei minori, quali nuove forme di riduzione in schiavitù", che andremo a vedere più specificatamente nel proseguo di questo capitolo.

Ci occuperemo dunque in questo capitolo delle leggi che più di altre hanno disciplinato i reati informatici.

Mi riferisco alle leggi 547/1993, 269/1998, 38/2006 e al Decreto Legislativo 196/2003, in quanto hanno costruito l'infrastruttura su cui poggia quello che viene chiamato oggi il diritto penale dell'informatica ed altre leggi.

Iniziamo con la legge n. 547 del 1993, che analizzeremo in profondità visto che ha un ruolo centrale in tema di criminalità informatica, per poi parlare anche delle altre.

4.1 Legge 23 dicembre 1993 n. 547

"Modificazioni ed integrazioni alle norme del codice penale e del codice di procedura penale in tema di criminalità informatica". (G. U. n. 305 del 30 dicembre 1993).

Gli interventi legislativi effettuati prima dell'entrata in vigore di questa legge, avevano assimilato chi commetteva reati informatici alle fattispecie dei crimini comuni. Premesso che chi commetteva reati contro la struttura fisica del computer poteva legittimamente essere incriminato di danneggiamento o di furto, il dilemma che i legislatori si sono trovati davanti era quello di come considerare il software e i dati custoditi nel computer.

Alla luce della legislazione all'epoca in vigore, ci si accorse subito che considerare la fisicità di un file, e quindi includerlo tra i beni materiali già tutelati dal reato di danneggiamento previsto dall'art. 635 c.p., oppure tra le cose mobili contemplate dall'art. 624 c.p. per i casi di furto, era cosa piuttosto ardua.

Inoltre, dal momento che l'eventuale "furto" di un file si concretizzava in una semplice duplicazione, lasciando quindi inalterato l'originale, non appariva dunque punibile ai sensi dell'art. 624 c.p. in quanto mancavano, tra gli elementi sostanziali del reato, la perdita del possesso fisico del bene da una parte e l'acquisizione dello stesso dall'altra.

Venne ritenuto pertanto necessario effettuare un intervento normativo ex-novo che fosse in grado di colmare quella lacuna legislativa, oltre al fatto di dover adeguare la legislazione italiana alle norme giuridiche assunte in campo internazionale nell'ambito dei reati informatici, visto il ritardo nei confronti delle altre nazioni estere.

Con la legge n. 547/93 sono state previste pertanto nuove figure criminose, deliberatamente strutturate sulla falsariga di alcuni precetti classici. E senza le incertezze del passato, sono stati altresì aggiornati alcuni articoli del Codice Penale relativi a incriminazioni tradizionali, modificandoli in maniera tale da ricomprendere le condotte criminali in ambito informatico. Infatti, alcuni reati informatici sono stati disciplinati da norme ad hoc ed inglobate all'interno di norme preesistenti.

È il caso questo dell'articolo 615 ter c.p. che riguarda l'accesso abusivo ad un sistema informatico o telematico, o dell'art. 635 bis c.p. inerente al danneggiamento di sistemi informatici o telematici, o ancora della frode informatica di cui all'art. 640 ter c.p..

Ma entriamo nello specifico.

Quali sono i punti salienti di questa legge?

- Un primo reato sul quale è intervenuta la legge 547 del 1993 è quello delle frodi informatiche, che si differenziano dalle frodi tradizionali per il fatto di essere realizzate servendosi dello strumento informatico. Per combattere queste forme di impiego fraudolento della nuova tecnologia, si è pensato con l'art. 640 ter c.p., di inserire nel codice penale una nuova figura di reato: la frode informatica, modellata sulla falsariga del reato di truffa.

Per quanto riguarda l'indebito utilizzo di carte di pagamento magnetiche, c'è da sottolineare che, pur trattandosi ugualmente di frode informatica, era già stato disciplinato in passato con l'articolo 12 della legge 5 luglio 1991 n. 197.

• Per quanto riguarda invece i reati di falsificazione di documenti perpetrati con un sistema informatico, il primo passo che il legislatore ha ritenuto di fare è stato quello di introdurre una clausola generale per fare in modo di assicurare la piena equiparazione dei documenti informatici a quelli di tipo tradizionale.

Attraverso l'introduzione nel codice penale dell'art. 491 bis c.p., é stata difatti prevista l'applicabilità delle disposizioni sulla falsità in atti "concernenti rispettivamente gli atti pubblici e le scritture private" in tutti i casi in cui oggetto di falsificazione sia un documento informatico, inteso come "qualunque supporto informatico contenente dati o informazioni aventi efficacia probatoria o programmi specificamente destinati ad elaborarli".

Similmente, si è agito nell'ambito della falsificazione del contenuto di comunicazioni informatiche creando con l'art. 617 sexies c.p una nuova fattispecie di falso in comunicazioni informatiche che, come la norma corrispondente delle comunicazioni telegrafiche e telefoniche, ricalca lo schema legale del delitto di falsità in scrittura privata (art. 485 c.p.).

- L'evoluzione tecnologica, sommata alla crescente diffusione di Internet come mezzo non solo di comunicazione principale ma anche come strumento attraverso il quale gestire i propri dati, hanno tutti assieme contribuito sostanzialmente all'incremento degli attacchi informatici all'integrità dei dati ed ai sistemi informatici in generale.

È stato pertanto ritenuto necessario inserire l'art. 635 bis c.p., in modo da poter reprimere gli atti di danneggiamento di dati o di sistemi informatici. Con l'art. 615 quinquies c.p., inoltre, é stato deciso di sanzionare condotte sconosciute sino a quel momento, come la diffusione dei cosiddetti virus informatici o di programmi diretti a danneggiare o interrompere un sistema informatico.

Vi sono poi altre normative inerenti al danneggiamento o la distruzione di sistemi informatici che vanno ad ampliare norme già preesistenti. Un esempio è dato dall'allargamento del concetto legale di "violenza sulle cose" contenuto nell'art. 392 c.p., con la quale s'identificano le situazioni in cui l'aggressione rivolta ai beni informatici può essere equiparata al danneggiamento dei beni tradizionali.

Vale la pena in questo contesto citare la nuova formulazione del reato di attentato ad impianti di pubblica utilità (art. 420 c.p.), volta a definire chiaramente l'ambito dei sistemi informatici oggetto di tutela, ma anche ad ampliare l'oggetto materiale della condotta di attentato, includendovi i dati, le informazioni e i programmi.

- Vanno poi ricondotte all'ampia categoria dei reati riguardanti la riservatezza dei dati e delle comunicazioni informatiche, tutte quelle disposizioni che questa legge ha introdotto nel codice penale per reprimere forme di intrusione nella sfera privata altrui. In particolare, con l'art. 615 ter c.p., si è provveduto all'incriminazione dell'accesso abusivo ad un sistema informatico o telematico a tutela della riservatezza dei dati e dei programmi contenuti nei sistemi informatici.

Con l'art. 615 quater c.p., invece, si é voluto reprimere la detenzione e la diffusione abusiva dei codici di accesso a sistemi informatici poiché ritenuti pericolosi per il bene protetto e propedeutici alla realizzazione del reato di accesso abusivo.

Inoltre, al fine di tutelare maggiormente la riservatezza dei dati, è stato esteso l'ambito di operatività della norma sulla rivelazione del contenuto di documenti segreti (art. 621 c.p.). Questo, per fare in modo da ricomprendere tra i documenti segreti protetti anche quelli contenuti in un supporto informatico. Più specificatamente rivolte alla riservatezza delle comunicazioni informatiche sono invece le disposizioni con le quali si è provveduto a garantire a tali comunicazioni la stessa tutela accordata dal nostro codice penale alle comunicazioni epistolari, telegrafiche e telefoniche.

A tal fine, con l'art. 617 quater c.p., sono state introdotte le nuove figure di intercettazione, impedimento o interruzione di comunicazioni informatiche o telematiche, mentre con l'art. 617 quinquies c.p. quelle di installazione di apparecchiature atte ad intercettare, impedire o interrompere comunicazioni informatiche o telematiche.

• Con l'introduzione infine dell'art. 266 bis c.p.p. si va a disciplinare l'integrazione delle norme processuali penali che riguardano l'intercettazione. In tale contesto, viene ammesso tra i mezzi di ricerca della prova "l'intercettazione del flusso di comunicazioni relativo a sistemi informatici o telematici ovvero intercorrente tra più sistemi". Tale strumento può essere adottato "nei procedimenti relativi ai reati indicati nell'art. 266 c.p.p., nonché a quelli commessi mediante l'impiego di tecnologie informatiche o telematiche".

L'art. 13, inoltre, integra l'art. 25 ter del d.l. n. 306 del 1992 (convertito, con modificazioni, dalla legge 7 agosto 1992 n. 356) e disciplina le intercettazioni preventive. In virtù proprio di questo articolo, le intercettazioni informatiche possono essere autorizzate quando siano "necessarie per l'attività di prevenzione e di informazione relative ai delitti indicati nell'art. 51 comma 3 bis c.p.p.".

4.2 Legge 3 agosto 1998 n. 269

"Norme contro lo sfruttamento della prostituzione, della pornografia, del turismo sessuale in danno di minori, quali nuove forme di riduzione in schiavitù". (G. U. n. 185 del 10 agosto 1998).

Questa é la legge con cui vengono definite le nuove fattispecie di reato in materia sessuale nell'ambito dello sfruttamento dei minori. Nello specifico, sono stati disciplinati i reati di induzione alla prostituzione, nonché produzione, diffusione, detenzione di materiale pornografico e il turismo sessuale all'estero.

Tuttavia, non tratteremo "in toto" questa legge, in quanto sarebbe fuori tema col contesto di cui ci stiamo occupando. Essa presenta comunque due articoli che sono strettamente correlati con i reati di tipo informatico e che andiamo brevemente ad analizzare.

- Il primo è l'art. 600-ter c.p che riguarda la pornografia minorile. Essa punisce chi produce, commercia, distribuisce, divulga o pubblicizza, anche per via telematica, materiale pornografico minorile.

A tal riguardo, c'è da notare che la Cassazione ha chiarito che ai fini della configurabilità del reato di distribuzione, divulgazione o pubblicizzazione del materiale pornografico con qualsiasi mezzo, anche per via telematica, non è sufficiente la cessione di detto materiale a singoli soggetti, ma occorre che esso sia distribuito a più persone.

L'ultimo comma dell'art. 600 ter c.p. disciplina il reato di chi, al di fuori dei casi già considerati dai commi precedenti, cede consapevolmente ad altri, non solo a titolo oneroso ma anche gratuito, materiale pornografico relativo ai minori. La giurisprudenza definisce questo reato "l'occasionale cessione, singolarmente effettuata, del materiale (pornografico)".

- L'altro articolo di interesse per i crimini informatici é l'art. 600-quarter c.p. relativo alla detenzione di materiale pedopornografico. Esso cita espressamente: "Commette reato chi consapevolmente si procura o dispone di materiale pornografico riguardante minori". L'elemento vincolante per questo delitto é l'acquisizione della prova che il detentore avesse consapevolezza della natura pornografica del materiale detenuto e della minore età dei soggetti coinvolti.

4.3 Legge 6 febbraio 2006 n. 38

"Disposizioni in materia di lotta contro lo sfruttamento sessuale dei bambini e la pedo-pornografia anche a mezzo Internet." (GU n. 38 del 15-2-2006).

Anche questa legge, come quella del paragrafo precedente, riguarda la pornografia minorile e presenta altresì dei risvolti interessanti in tema di criminalità informatica, specie per quello che concerne l'uso di Internet. Anche in questo caso ci limiteremo ad analizzare solo quegli aspetti inerenti al tema conduttore di questa dissertazione.

La sconcertante diffusione del fenomeno della pedo-pornografica e della distribuzione di materiale illecito attraverso la rete, come abbiamo appena visto, aveva fatto sì che il Parlamento emanasse la legge 3 agosto 1998 n. 269 per scoraggiarne la diffusione su larga scala.

Di fronte però al moltiplicarsi dei siti Web pedopornografici, si é ritenuto opportuno inasprire le pene a carico di chi si macchia dei reati di abuso sessuale e sfruttamento di minori e di coloro che si procurano o detengono "materiale pornografico realizzato utilizzando minori degli anni diciotto" e di chiunque effettua dei viaggi all'estero "al fine di fruire di attività di prostituzione a danno di minori".

Fra le novità del provvedimento approvato dal Parlamento, oltre all'allargamento della nozione di pornografia infantile e all'inasprimento generale delle pene connesse a questo reato, é utile in questa sede segnalare le iniziative finalizzate ad impedire la diffusione e la commercializzazione dei prodotti pedopornografici via Internet.

Tra queste ha particolare rilievo un sistema di controllo e disattivazione di mezzi informatizzati di pagamento come le carte di credito ed altro. Presso il Ministero dell'Interno viene inoltre costituito il Centro nazionale per il monitoraggio della pornografia minorile su Internet con il compito di raccogliere segnalazioni, anche provenienti dall'estero, sull'andamento del fenomeno su rete.

4.4 Decreto Legislativo 30 giugno 2003 n. 196

"Codice in materia di protezione dei dati personali" (GU n. 174 del 29-7-2003 - Suppl. Ordinario n. 123).

Il codice in questione nasce con lo scopo di razionalizzare, semplificare e riunire in un "Testo Unico" tutte le precedenti disposizioni relative alla protezione dei dati personali. Questa normativa basa la sua essenza su due elementi chiave: sia sul controllo del processo di acquisizione, gestione ed eliminazione dei dati personali, e sia sulla definizione delle misure di sicurezza con la prescrizione di un livello minimo di sicurezza.

Il principio ispiratore della normativa é insito quindi nel fatto di considerare il dato come bene personale da proteggere, a prescindere da come e dove è acquisito, detenuto o trattato.

In sostanza, riassumendo, vediamo cosa va a disciplinare questo decreto legislativo.

• Introduce le regole sostanziali della disciplina del trattamento dei dati personali.

• Stabilisce le regole specifiche che si devono osservare per i trattamenti effettuati.

• Disciplina il trattamento dei dati in ambito giudiziario, forze di polizia, difesa e sicurezza dello Stato, nonché in ambito pubblico, sanitario, istruzione e trattamento per scopi storici, statistici e scientifici.

• Reca infine disposizioni relative alle azioni di tutela dell'interessato e al sistema sanzionatorio.

Questa normativa é rivolta a tutti i soggetti pubblici e privati che conservano e gestiscono i dati personali. Oltre a ciò, sono soggetti all'applicazione di questo decreto legislativo tutti coloro che trattano i cosiddetti dati sensibili o giudiziari, ovvero, i dati personali che potrebbero rivelare l'origine razziale ed etnica, le convinzioni religiose, le opinioni politiche, l'adesione a partiti politici, sindacati, associazioni od organizzazioni a carattere religioso, filosofico, politico o sindacale, nonché i dati personali idonei a rivelare lo stato di salute e le abitudini sessuali.

Inoltre, sono disciplinati da tale decreto tutti i dati personali relativi al casellario giudiziale o all'anagrafe delle sanzioni amministrative.

Entrando nello specifico della materia che ci riguarda più da vicino, ossia la parte relativa alla gestione informatica dei dati e i reati ad essa ascrivibili, questo decreto legislativo, tramite l'articolo 34, impone le seguenti misure minime per il trattamento di dati personali effettuato con strumenti elettronici:

- Autenticazione informatica.

- Adozione di procedura di gestione delle credenziali di autenticazione.

- Utilizzazione di un sistema di autorizzazione.

- Aggiornamento periodico dell'individuazione dell'ambito del trattamento consentito ai singoli incaricati e addetti alla gestione o manutenzione dei sistemi elettronici.

- Protezione degli strumenti elettronici e dei dati rispetto a trattamenti illeciti di dati, ad accessi non consentiti e a determinati programmi informatici.

- Adozione di procedure per la custodia di copie di sicurezza, il ripristino della disponibilità dei dati e dei sistemi.

- Tenuta di un aggiornato documento programmatico sulla sicurezza.

- Adozione di tecniche di cifratura o di codici identificativi per determinati trattamenti di dati idonei a rivelare lo stato di salute o la vita sessuale effettuati da organismi sanitari.

4.5 Legge 18 marzo 2008 n. 48

"*Ratifica ed esecuzione della Convenzione del Consiglio d'Europa sulla criminalità informatica, fatta a Budapest il 23 novembre 2001, e norme di adeguamento dell'ordinamento interno*". (GU n.80 del 4-4-2008 - Suppl. Ordinario n. 79).

Concepita come ratifica alla Convenzione del Consiglio d'Europa sulla criminalità informatica stipulata a Budapest il 23 novembre 2001, questa é la legge di riferimento che attualmente regolamenta l'utilizzo a livello giuridico dei risultati delle attività di analisi forense in sede processuale.

Con questa legge il reato informatico acquisisce maggior peso rispetto al passato, e le risorse messe in campo dagli investigatori in questo settore cominciano a essere davvero ragguardevoli. Abbiamo visto come le leggi 547/1993, 269/1998, 38/2006 e il D.L. 196/2003 hanno grosso modo creato la struttura dell'informatica forense, bisogna però aspettare il 2008 per avere un approccio rilevante al problema dell'acquisizione delle prove nell'ambito dei sistemi digitali e dei dati informatici.

Dal punto di vista degli aspetti processuali più importanti, questa legge consta di 14 articoli che a loro volta sono suddivisi in quattro capi. I settori di intervento sono finalizzati sia al rafforzamento degli istituti rilevanti in sede di cooperazione internazionale, sia ad una migliore armonizzazione e disciplina giuridica dei crimini informatici e, in ultimo, alla predisposizione di strumenti processuali per l'acquisizione e la conservazione delle evidenze elettroniche.

Con la legge n. 48 viene a delinearsi finalmente un sistema in grado di apportare una sostanziale tutela alle investigazioni che coinvolgono il computer forensics, dotando nel contempo l'intero meccanismo processuale di strumenti idonei all'acquisizione e valutazione delle prove di tipo informatico.

Ecco quindi emergere il concetto di prova digitale, intesa come risultato di attività d'indagine volta sia all'identificazione dell'autore di crimini informatici, sia all'identificazione dell'autore di reati comuni commessi col mezzo informatico e non, mediante l'impiego di procedure informatiche proprie del computer forensics.

4.5.1 Le norme inerenti all'ispezione e perquisizione

Per quello che concerne l'ambito processuale, il punto saliente di questa legge risiede nella modifica alle disposizioni riguardanti le ispezioni e le perquisizioni. Le novità apportate riguardano le modalità operative di accesso al computer oggetto d'indagine, con particolare attenzione posta alle "misure tecniche dirette ad assicurare la conservazione dei dati originali e ad impedirne l'alterazione" dei dati digitali. Viene evidenziata quindi la necessità di garantire un'acquisizione efficace e valevole degli elementi probatori, ma anche di consentire un controllo sull'operato degli inquirenti.

L'ispezione e la perquisizione sono le classiche operazioni di ricerca della prova che dovrà essere utilizzata in ultima analisi a fini processuali. L'attività ispettiva tipica é quella che implica l'osservazione di persone, luoghi e cose allo scopo di acquisire tracce o altri elementi riconducibili al reato; mentre la perquisizione viene effettuata per individuare e acquisire il corpo del reato o altri elementi ad esso correlati. Inoltre, questa legge ha posto concretamente l'accento sulla preservazione della scena del crimine informatico.

È stato quindi inserito il 2° comma dell'art. 244 che dà la possibilità all'autorità giudiziaria di disporre l'ispezione "anche in relazione a sistemi informatici o telematici, adottando misure tecniche dirette ad assicurare la conservazione dei dati originali e la loro inalterabilità".

Per quello che concerne invece l'ambito delle perquisizioni, l'art. 247, al comma 1-bis stabilisce che "quando vi è fondato motivo di ritenere che dati, informazioni, programmi informatici o tracce comunque pertinenti al reato si trovino in un sistema informatico o telematico, ancorché protetto da misure di sicurezza, ne è disposta la perquisizione, adottando misure tecniche dirette ad assicurare la conservazione dei dati originali e ad impedirne l'alterazione".

Ciò sta a significare che, se l'oggetto di ispezione o perquisizione é un sistema informatico, devono essere poste in essere tutte quelle misure tecniche in modo da garantire e assicurare la conservazione dei dati originali e a impedirne l'alterazione. Inoltre, con il comma 1–bis dell'art. 247 c.p.p., vengono concessi più poteri agli investigatori prevedendo che "quando vi è fondato motivo di ritenere che dati, informazioni, programmi informatici o tracce comunque pertinenti al reato si trovino in un sistema informatico o telematico, ancorché protetto da misure di sicurezza, ne è disposta la perquisizione, adottando misure tecniche dirette ad assicurare la conservazione dei dati originali e ad impedirne l'alterazione".

Un'importante considerazione va fatta sulle diverse modalità tecnico-operative che gli inquirenti devono adottare nell'ipotesi che in sede ispettiva si trovi il computer acceso oppure spento.

Nel caso il computer fosse spento, gli inquirenti potranno esaminarne preliminarmente il contenuto e procedere eventualmente al sequestro dell'intero computer o di alcune parti attraverso il ricorso alle procedure previste. C'é da sottolineare che, in questa ipotesi, il rischio di alterabilità dei dati è più basso rispetto al caso opposto, sempreché in via preliminare siano adottate le dovute precauzioni.

La questione risulta invece un poco più complessa nel caso in cui il dispositivo sia acceso: in questa ipotesi la prescrizione prevista dall'art. 247, comma 1-bis c.p.p. acquista un peso e una rilevanza ancor più imprescindibile stante l'alto tasso di vulnerabilità del sistema. Bisogna pensarci bene quindi prima di andare ad analizzare il contenuto di un sistema attivo, in quanto risulterebbe molto rischioso perché tale operazione potrebbe alterare i dati rinvenuti.

Le problematiche da analizzare ed affrontare in questo caso sono tante, quali possono essere per esempio se si proceda contro ignoti, se i dati da acquisire sono tanti, se l'oggetto d'indagine é per esempio un'istituzione pubblica, una banca, un gestore di telefonia e in generale in tutti i casi in cui potrebbero sorgere problemi sulla qualità del servizio reso dal soggetto interessato a perquisizione.

4.5.2 Le norme inerenti al sequestro probatorio

Altra importante modifica apportata da questa legge riguarda il sequestro probatorio, coinvolto anch'esso nell'evoluzione tecnologica dei mezzi d'indagine. In particolare, l'art. 260 c.p.p. prevede la possibilità da parte delle autorità di assicurare i beni sequestrati anche attraverso l'apposizione di sigilli di carattere elettronico o informatico, in modo da evidenziare il vincolo giuridico di tali materiali.

Tale norma recepisce anche a livello processuale la certificazione fra copia e originale tramite procedure informatizzate; inoltre, al 2° comma, estende la presunzione di deperibilità e alterazione prevedendo la possibilità di effettuarne una copia che deve essere realizzata su adeguati supporti mediante procedura che assicuri la conformità della copia all'originale e la possibilità che non venga successivamente modificata. In merito alla prassi consolidata di ricorrere alla duplicazione garantita da possibili alterazioni del contenuto dei supporti di memoria, sorge un'ulteriore questione legata ai contenuti rinvenuti.

La divergenza di vedute vede due esigenze distinte: da un lato, l'interesse pubblico all'acquisizione di elementi utili per l'indagine nell'ottica della ricerca della verità processuale, dall'altro il diritto dell'indagato al rispetto dei suoi diritti difensivi, ma anche e soprattutto legati alle libertà costituzionalmente previste.

La legge n. 48 è intervenuta inoltre sul tema del sequestro di corrispondenza con due articoli distinti ma connessi tra loro. Da una parte c'é l'art. 254 c.p.p. che parla espressamente di sequestro di corrispondenza, dall'altra l'art. 353 c.p.p. che riguarda l'acquisizione di plichi o corrispondenza. In particolare, l'art. 254 c.p.p. prevede la possibilità da parte dell'autorità giudiziaria di disporre il sequestro di corrispondenza quando abbia fondato motivo di ritenere che la corrispondenza diretta o riferibile all'imputato possa avere una qualche relazione con il reato per cui si procede.

Queste novità sono strettamente correlate con i crimini informatici in generale e con la tematica del sequestro probatorio. Vediamo in che modo.

In primo luogo c'è stato un ampliamento dei soggetti coinvolti nel sequestro probatorio: accanto alle definizioni tradizionali dei servizi postali e telegrafici compaiono i "fornitori di servizi postali, telegrafici, telematici e di telecomunicazione".

Inoltre, si stabilisce a chiare lettere l'equiparazione fra invio di posta tradizionale e inoltro telematico, andando a ritenere legittimo il provvedimento di sequestro che abbia per oggetto qualsiasi comunicazione inviata o ricevuta dall'indagato mediante l'utilizzo di strumento elettronici.

Infine, vi è il riferimento al caso in cui qualora al sequestro provveda un ufficiale di P. G., questi è tenuto alla sola presa in consegna, "senza aprirli o alterarli o prendere altrimenti conoscenza del loro contenuto".

Con l'espressione "alterarli" vi è un implicito rinvio alla forma informatica della comunicazione e, in conseguenza, anche alle norme forensi che ne permettono l'acquisizione mediante procedure che ne garantiscano l'inalterabilità del contenuto.

Definiti i termini del problema dal punto di vista normativo, andiamo ora ad analizzare la questione del sequestro di corrispondenza da un punto di vista pratico.

Rivestono carattere particolare i problemi connessi all'utilizzo di programmi di gestione della posta elettronica in quanto, il sempre più frequente utilizzo delle e-mail come mezzo di corrispondenza e comunicazione, ha portato alla diffusione dei classici software browser per la gestione della posta elettronica che consentono di fruire della posta in maniera remota dal proprio computer.

La questione ruota intorno al trattamento giuridico da riservarsi in sede d'acquisizione del dato mediante tecniche forensi. In particolare, ci si chiede se l'acquisizione di messaggi di posta contenuti all'interno di programmi devono subire lo stesso trattamento se contrassegnati come "letti" o "nuovi".

La dottrina, a tal riguardo, è concorde nel ritenere che l'acquisizione di messaggi "in uscita" debba avvenire nel rispetto degli art. 254 e 353 del codice. Una perplessità che gli inquirenti si trovano davanti spesso é data dal dubbio sul come agire quando vengono rinvenuti messaggi di posta elettronica già letti e come comportarsi davanti a messaggi nuovi che risultano ancora non letti. Le correnti di pensiero in questo caso sono due.

La posizione più garantista ritiene applicabile ai messaggi non letti la procedura dettata dall'art 254 c.p.p. con conseguente acquisizione garantita contro alterazioni e trasmissione al P. M., il quale, successivamente ne valuterà la sequestrabilità.

C'è da sottolineare però che per quello che concerne i messaggi aperti, la garanzia sopracitata non sembrerebbe applicabile in quanto non integrerebbe l'ipotesi di corrispondenza "chiusa" o "sigillata".

Per colmare questa lacuna e per ragioni di coerenza si è argomentato come anche la password inserita all'interno delle impostazioni relative al programma gestionale di posta possa assumere valore di "sigillo", estendendo anche a questa ipotesi l'applicabilità dell'art. 353 c.p.p. .

Un diverso punto di vista giuridico vede la distinzione fra mail aperta e mail chiusa fuorviante, almeno come visivamente rappresentato dal programma, ovvero, non fornisce da un punto di vista giuridico certezza sull'intervenuta conoscenza o meno del contenuto da parte del destinatario. Soprattutto in virtù del fatto che una determinata e-mail, pur risultando visivamente chiusa e non letta, potrebbe effettivamente essere invece stata letta, dal momento che in genere tutti i browser di gestione di posta elettronica offrono la possibilità di leggere una e-mail e contrassegnarla successivamente come "non letta" senza lasciare traccia alcuna di tale processo.

Sul punto, infatti, sembrerebbe potersi applicare l'art. 45, comma 2 del CAD il quale prevede che "Il documento informatico trasmesso per via telematica si intende spedito dal mittente se inviato al proprio gestore, e si intende consegnato al destinatario se reso disponibile all'indirizzo elettronico da questi dichiarato, nella casella di posta elettronica del destinatario messa a disposizione dal gestore." Sulla base di queste considerazioni, si evince che non sussistono elementi che possano giustificare un diverso trattamento, e quindi di conseguenza si esclude l'applicabilità dell'art. 254 c.p.p.

Si segnala infine un'ulteriore possibilità di sequestro probatorio rappresentata dal nuovo art. 254-bis c.p.p. che riguarda il sequestro di dati presso i Service Provider.

In sostanza, si prevede un onere di collaborazione fra autorità giudiziaria e gestori di servizi informatici, telematici o di telecomunicazioni. In questo modo, i Service Provider sono tenuti a fornire i dati richiesti dagli organi giudiziari competenti producendo copia degli stessi su adeguato supporto.

4.5.3 Le norme inerenti al "congelamento" dei dati

Concludiamo questo paragrafo inerente alla legge n. 48/2008 con l'art. 10, il quale si occupa di una norma molto travagliata, spesso ritoccata da legislatore nazionale, che é estranea al codice di procedura penale ma assume estrema rilevanza in ambito tutela della privacy, in particolare per quello che riguarda il data retention ex art. 132 del d.lgs. n. 196/2003.

In sostanza, attraverso l'introduzione del comma 4-ter, 4-quater, 4-quinquies, viene istituzionalizzato il cd congelamento dei dati per ragioni urgenti, conferendo ampi poteri alle forze di polizia e ai servizi segreti. Tale potere sembra limitato ai casi eccezionali e urgenti di cui all'art. 226 del dlgs n. 271 del 1989 in tema di indagini e intercettazioni preventive, anche se in realtà si aggiunge una formula di fatto generica indicante "finalità di accertamento e repressione di specifici reati".

5. Le linee guida sulle quali fonda i suoi principi l'informatica forense

Vediamo infine alcune linee guida per la gestione degli incidenti informatici[7] in cui è coinvolta anche l'informatica forense. Vedremo molto brevemente di che cosa si tratta, perché se ci dilungheremmo troppo rischieremmo di andare fuori tema e di parlare di tutt'altro.

Va da sé comunque che se siete interessati ai seguenti argomenti potete approfondire queste questioni sulla Rete. Sappiate che sul Web sono disponibili i file PDF di queste linee guida[8].

Accenneremo dunque alle RFC[9], che descrivono e specificano gli standard, le tecnologie e i protocolli legati a Internet e alle Reti

---

[7] Maggiori informazioni sulle RFC qui menzionate possono essere reperite su http://www.swappa.it/wiki/Uni/GestioneDegliIncidentiInformatici

[8] Il sito ufficiale in inglese dove sono archiviate tutte le RFC è https://www.rfc-editor.org/ mentre quello per le ISO è www.iso.org

[9] Se volete approfondire i concetti relativi alle RFC date un'occhiata qui: https://www.developersumo.com/2021/12/06/cosa-sono-i-documenti-rfc/

in generale, e che aiutano inoltre all'implementazione e standardizzano la maggioranza delle norme.

Si tratta di un insieme di documenti che costituiscono una risorsa importante per la comunità di Internet, diventando dei veri e propri punti di riferimento.

Inoltre, come indica il nome (RFC sta infatti per "Request for Comments"), i documenti possono contenere delle richieste di proposte o commenti di miglioramento riferiti a un determinato protocollo.

Faremo poi un accenno ad alcune ISO, termine che letteralmente vuol dire "International Organization for Standardization", che in italiano significa Organismo Internazionale di Standardizzazione.

Si tratta di un'organizzazione che si occupa di definire le norme tecniche che un soggetto deve rispettare per risultare conforme a specifici parametri di valutazione, le cui certificazioni risultano tra le più valide all'interno del panorama internazionale.

Le linee guida dettate dalle certificazioni ISO sono di carattere volontario, ciò vuol dire che l'adesione ad esse non è obbligatoria per legge, ma è necessaria per ottenerle. Queste certificazioni si occupano di attestare la conformità di un soggetto a criteri valutativi atti a stabilire la presenza di specifici elementi all'interno dei processi e delle attività svolte.

Inoltre, dal momento che l'ISO si propone di creare degli standard uguali in tutto il mondo, si è preferito associarlo con il prefisso greco "iso" che indica uguaglianza e non cambia con le traduzioni nelle varie lingue.

5.1 RFC 2350

La RFC 2350 stabilisce alcune linee guida inerenti all'organizzazione e alle modalità di comunicazione di un "Computer Security Incident Response Team" (CSIRT). Riguarda in sostanza la squadra, che viene chiamata constituency, che esegue, coordina e supporta la gestione degli incidenti di sicurezza che possono coinvolgere i sistemi informatici di determinati soggetti.

Questi ultimi hanno l'interesse, ed anche il diritto, di conoscere in primo luogo quali sono le aree di competenza e le capacità di un response team, e quali politiche e procedure operative adottano. Uno degli obiettivi della RFC è proprio quello di definire un modello standard per la diffusione delle informazioni tra gli CSIRT e il resto della comunità.

5.2 RFC 3227

Un incidente di sicurezza è di solito un evento di sistema in cui le politiche di sicurezza sono state ovviamente trasgredite o violate o addirittura non applicate correttamente. Nella RFC 3227 vengono suggerite alcune linee guida a cui un amministratore di sistema può scegliere di attenersi per raccogliere e archiviare le prove digitali degli incidenti di questo tipo.

Negli ultimi anni le operazioni di ripristino di un sistema che è stato compromesso sono diventate sempre più facili, altrettanto non si può dire di quelle attività che vengono svolte per collezionare le fonti di prova. Questa fase, che viene spesso molto sottovalutata, è in realtà fondamentale per comprendere le strategie e le tecniche operative di un attaccante, dunque per rendere il sistema più robusto in futuro.

5.3 ISO 27035

Appartenente alla famiglia della norma ISO/IEC 27001:2013, da cui dipendono anche in fase di certificazione, la norma ISO/IEC 27035:2016 è suddivisa in due parti pubblicate distintamente anche se interdipendenti.

Il punto di partenza della norma è la considerazione che l'applicazione delle policy unite ai controlli di sicurezza non sono sufficienti per garantire una protezione totale sia delle informazioni che dei sistemi che le ospitano. Proprio per questo motivo viene proposto un approccio strutturato alla gestione degli incidenti informatici.

Nella prima parte della norma vengono presentati i concetti base e le diverse fasi della gestione degli incidenti, compresa una parte di schemi ed esempi pubblicati come allegati. Nella seconda parte, invece, vengono analizzate nello specifico le cinque fasi operative previste dalla norma [10].

---

[10] Maggiori informazioni sulla ISO 27035 possono essere reperite su https://www.cybersecurity360.it/soluzioni-aziendali/la-gestione-degli-incidenti-informatici-un-corretto-piano-operativo/

Questo documento in sostanza fornisce delle linee guida per rispondere adeguatamente agli incidenti di sicurezza delle informazioni nelle operazioni ICT[11].

Lo fa coprendo in primo luogo gli aspetti operativi delle operazioni di sicurezza ICT dal punto di vista delle persone, dei processi e della tecnologia. Si concentra quindi ulteriormente sulla risposta agli incidenti di sicurezza delle informazioni nelle operazioni di sicurezza dell'ICT, compreso il rilevamento, la segnalazione, il triage, l'analisi, la risposta, il contenimento, l'eradicazione, il recupero e la conclusione degli incidenti di sicurezza delle informazioni.

Ovviamente questo documento non riguarda le operazioni di risposta agli incidenti che non riguardano l'ICT, come per esempio la perdita di documenti cartacei.

Le fasi principali della ISO 27035 sono il "Rilevamento e segnalazione", la fase "Valutazione e decisione" e la fase "Risposte" del modello "Fasi di gestione degli incidenti di sicurezza delle informazioni".

I principi espressi in questo documento sono generici e destinati ad essere applicabili a tutte le organizzazioni, indipendentemente dal tipo, dimensione o natura. Le organizzazioni possono adeguare le disposizioni contenute nel presente documento in base al loro tipo, dimensione e natura dell'attività in relazione alla situazione di rischio per la sicurezza delle informazioni.

Infine, questa ISO è applicabile anche alle organizzazioni esterne che forniscono servizi di gestione degli incidenti di sicurezza delle informazioni.

---

[11] Tecnologie dell'Informazione e della Comunicazione (in inglese ICT), cioè tutti quei processi e strumenti tecnologici che servono a produrre e migliorare le conoscenze e gli strumenti di comunicazione.

5.4 ISO 27037

Questo documento è uno standard internazionale che contiene le linee guida utili per l'identificazione, la raccolta, l'acquisizione, la conservazione e il trasporto di evidenze digitali al fine di facilitarne lo scambio fra più Paesi utilizzando dei protocolli metodologici comuni.

C'è da dire inoltre che la ISO 27037 è applicabile in qualsiasi ambito e contesto, sia civile, sia penale e sia stragiudiziale, senza fare alcun riferimento a specifici ordinamenti né a norme giuridiche.

Lo standard ISO 27037 nasce per facilitare e supportare le attività di informatica forense, al fine di offrire garanzie di integrità della prova informatica e per consentire eventualmente a terzi di verificare le metodologie seguite e gli esiti del processo d'acquisizione e analisi, evitando così di rendere inutilizzabile una prova per colpa di una svista o di un lavoro eseguito in maniera scorretta per incompetenza o imperizia, nonché per definire delle regole tecniche omogenee tra paesi diversi.

Anche perché, la prova digitale, per sua stessa natura, può essere alterata, corrotta o distrutta da gestioni e analisi improprie. È dunque importante che il trattamento della digital evidence avvenga seguendo le linee guida dettate dallo standard ISO/IEC

27037 durante le fasi di identificazione, raccolta, acquisizione e conservazione[12].

Fornisce in pratica una guida alle persone rispetto alle situazioni comuni incontrate durante il processo di gestione delle prove digitali e assiste le organizzazioni nelle loro procedure disciplinari e nel facilitare lo scambio di potenziali prove digitali tra le giurisdizioni.

Infine, la ISO 27037 fornisce indicazioni per i seguenti dispositivi e circostanze, elenco che è da considerarsi indicativo e non esaustivo:

- Supporti di memorizzazione digitali che vengono utilizzati nei computer standard, come ad esempio i dischi rigidi, floppy disk, dischi ottici e magneto-ottici, dispositivi dati con funzioni simili;

- Telefoni cellulari, Personal Digital Assistant (PDA), Personal Electronic Devices (PED), schede di memoria;

- Sistemi di navigazione mobile;

- Fotocamere e videocamere digitali (comprese le telecamere a circuito chiuso);

- Computer standard con connessioni di rete;

- Reti basate su TCP/IP e altri protocolli digitali;

- Dispositivi con funzioni simili a quelle sopra.

---

[12] Maggiori informazioni sulla ISO 27037 possono essere fruite su https://www.bit4law.com/blog/informatica-forense-incident-response/cosa-e-lo-standard-iso-27037-2012/

5.5 ISO 27041

La ISO 27041 riguarda le linee guida per garantire l'idoneità e l'adeguatezza dell'incidente e i metodi di indagine. Questa norma delinea come i metodi e gli strumenti usati nelle investigazioni digitali possano essere "validati", un concetto che era già presente anche nella ISO 27037 che abbiamo appena visto, ma che probabilmente necessitava di alcune specifiche maggiormente dettagliate.

In sostanza, la ISO 27041 fornisce le indicazioni sui meccanismi atti a garantire che i metodi e i processi utilizzati nelle indagini sugli incidenti di sicurezza delle informazioni siano "adatti allo scopo". Incapsula le migliori pratiche sulla definizione dei requisiti, sulla descrizione dei metodi e sull'evidenza che è possibile dimostrare che le implementazioni dei metodi soddisfano i requisiti. Include la considerazione di come i test di fornitori e di terze parti possono essere utilizzati per assistere questo processo di assicurazione.

In definitiva, questo documento si propone di:

- fornire indicazioni sull'acquisizione e l'analisi dei requisiti funzionali e non funzionali relativi a un'indagine sugli incidenti di sicurezza delle informazioni;

- fornire indicazioni sull'uso della convalida come mezzo per assicurare l'adeguatezza dei processi coinvolti nell'indagine;

- fornire indicazioni sulla valutazione dei livelli di convalida richiesti e delle prove richieste da un esercizio di convalida;

- fornire indicazioni su come i test esterni e la documentazione possono essere incorporati nel processo di convalida.

5.6 ISO 27042

La ISO 27042 invece è inerente alle linee guida per l'analisi e l'interpretazione delle prove digitali.

Essa fornisce una guida sull'analisi e l'interpretazione delle prove digitali in un modo che affronta questioni di continuità, validità, riproducibilità e ripetibilità. Incapsula le migliori pratiche per la selezione, la progettazione e l'implementazione di processi analitici e la registrazione di informazioni sufficienti per consentire a tali processi di essere sottoposti a un controllo indipendente, quando necessario. Fornisce una guida sui meccanismi appropriati per dimostrare la competenza e la competenza del gruppo investigativo.

L'analisi e l'interpretazione delle prove digitali possono essere anche un processo complesso. In alcune circostanze, possono essere applicati diversi metodi e ai membri del gruppo investigativo sarà richiesto di giustificare la loro selezione di un particolare processo e mostrare come sia equivalente a un altro processo utilizzato da altri investigatori.

In altre circostanze, gli investigatori potrebbero dover escogitare nuovi metodi per esaminare le prove digitali che non sono state precedentemente considerate e dovrebbero essere in grado di dimostrare che il metodo prodotto è "adatto allo scopo".

L'applicazione di un metodo particolare, poi, può influenzare l'interpretazione delle prove digitali elaborate da quel metodo. Inoltre, l'evidenza digitale disponibile può influenzare la selezione di metodi per l'ulteriore analisi dell'evidenza digitale che è già stata acquisita.

La ISO 27042 fornisce in definitiva un quadro comune, per gli elementi analitici e interpretativi della gestione degli incidenti di sicurezza dei sistemi informativi, che può essere utilizzato per assistere nell'implementazione di nuovi metodi e fornire uno standard minimo comune per le prove digitali prodotte da tali attività.

5.7 ISO 27043

Infine, la ISO 27043 riguarda i principi e i processi di indagine inerenti agli incidenti. Definisce in sostanza i principi generali e i processi di cui si compone una investigazione.

Fornisce insomma le linee guida basate su modelli idealizzati per processi comuni di indagine sugli incidenti, in vari scenari di indagine sugli incidenti che coinvolgono prove digitali. Ciò include i processi che vanno dalla fase della preparazione prima dell'incidente, fino alla chiusura dell'indagine, nonché eventuali consigli e avvertimenti generali su tali processi.

Le linee guida quindi descrivono processi e principi applicabili a vari tipi di indagini, inclusi, a titolo esemplificativo, l'accesso non autorizzato, il danneggiamento dei dati, gli arresti anomali del sistema o le violazioni aziendali della sicurezza delle informazioni, nonché qualsiasi altra indagine digitale.

In sintesi, la presente norma internazionale fornisce una panoramica generale di tutti i principi e i processi di indagine sugli incidenti, senza però prescrivere dettagli particolari all'interno di ciascuno dei principi e dei processi di indagine trattati nella presente norma internazionale.

Molte altre norme internazionali pertinenti, ove citate nella presente norma internazionale, forniscono contenuti più dettagliati di principi e processi di indagine specifici.

Conclusioni

Siamo giunti alla conclusione di questo testo, il cui leitmotiv é stato rappresentato dal binomio dato dall'informatica forense e la disciplina giuridica che la regola.

Gli obiettivi che questo libro si prefiggeva di raggiungere erano, non solo quello di analizzare come la disciplina giuridica nel corso degli anni si é adeguata allo sviluppo tecnologico dell'informatica forense, ma anche, e soprattutto, quello di evidenziare eventuali lacune legislative e giuridiche in tale ambito, e proporre alcuni provvedimenti giuridici o modifiche per colmare tali lacune.

Alla luce di quanto sin qui esposto, si può asserire che l'obiettivo di analisi dell'aspetto giuridico in ambito informatica forense é stato abbondantemente raggiunto, essendo stato analizzato tutto il percorso giuridico che ha regolato penalmente lo sviluppo tecnologico dei reati informatici.

Obiettivi raggiunti anche per quello che concerne gli altri due dichiarati in sede introduttiva, che andremo a verificare nel prosieguo di questo paragrafo conclusivo.

Prima di parlare in maniera più approfondita della legge 48/2008, é bene andare a vedere brevemente il corpo delle leggi precedenti ed analizzare i loro aspetti peculiari. Nello specifico, ci soffermeremo sulla prima legge italiana, la 547/1993, che ha rappresentato il caposaldo regolatore dei crimini informatici, seppure sia stata concepita notevolmente in ritardo rispetto all'inizio della stagione di tali crimini, che possiamo far risalire agli inizi degli anni Ottanta.

Uno degli errori di fondo della legge 547/1993 é stato quello di aver assimilato il supporto informatico ad un comune documento cartaceo. È stato, in sostanza, non tenuto in considerazione che, mentre nel documento cartaceo il contenuto e il suo relativo contenitore si identificano nella stessa essenza, ossia la parte scritta e il foglio di carta che la contiene si fondono fra loro in maniera inscindibile, il supporto informatico che contiene i documenti elettronici, invece, può essere separato in qualsiasi momento dal proprio contenuto, ed è in grado di contenere molteplici documenti. Evidentemente, a suo tempo, non é stata compresa questa differenza sostanziale, ed é quindi stato introdotto il concetto di "documento informatico", quale "supporto informatico contenente dati o informazioni aventi efficacia probatoria" (ex art. 491-bis c.p.).

Il risultato di tale operazione é stato non solo inutile, ma persino dannoso per la stessa applicazione della normativa penale esistente nell'ambito dei falsi informatici, visto che il reato é stato incentrato su una ipotesi concreta in realtà inconsistente.

Questo costrutto è stato inoltre smentito dalla normativa successiva del 1997 in quanto, i legislatori di allora, convintosi finalmente della difformità strutturale e concettuale tra documento cartaceo e documento elettronico, con il regolamento approvato con D.P.R. il 10 novembre 1997 n. 513, hanno identificato il documento informatico nella "rappresentazione informatica di atti, fatti o dati giuridicamente rilevanti", in sostanza, nei "dati" e non invece nel "supporto".

Ad onor del vero, molte altre critiche potrebbero essere mosse nei confronti di questa legge, soprattutto se vista con gli occhi odierni di chi sta vivendo il presente informatico fatto di eventi in continua evoluzione.

Ci limiteremo però solo a qualche esempio.

Uno di questi è dato dalla selezione dei beni giuridici, quanto mai artificiosa. Infatti, non sempre sono risultati adeguati gli inserimenti sistematici adottati, come quando é stato assimilato l'accesso abusivo ad un sistema informatico alla classica violazione di domicilio, o quando, sempre tra i delitti contro l'inviolabilità del domicilio, è stato inserito il reato di diffusione di programmi diretti a danneggiare o interrompere un sistema informatico, la cui naturale collocazione sarebbe stata, invece, tra i delitti contro il patrimonio, trattandosi di una fattispecie preventiva del delitto di danneggiamento.

Ma anche sul piano propriamente lessicale sono stati commessi degli strafalcioni, questo per un morboso attaccamento a formule tradizionali che ha distolto il focus dalle caratteristiche originali della nuova fenomenologia dei crimini informatici. Paiono, infatti, quantomeno emblematiche espressioni del tipo "si introduce", utilizzato dall'art. 615 ter c.p., quando invece sarebbe stato tecnicamente appropriata la parola "accedere", termine più idoneo a definire azioni che consistono nel varcare fisicamente i confini di determinati luoghi; come anche la frase "distruggere, deteriorare o rendere, in tutto o in parte, inservibile" dell'art. 635 bis c.p., riferibile piuttosto a situazioni nelle quali si evince una modificazione o degradazione dell'oggetto fisico.

Successivamente all'emanazione di questa legge, ci si rese quasi subito conto degli errori commessi, e si tentò di colmare queste lacune con le leggi successive che, purtroppo, contenevano anch'esse dei difetti.

Giungiamo così a parlare della legge 48/2008, considerata oggigiorno la legge di riferimento che disciplina l'utilizzo a livello giuridico dei risultati delle attività di analisi forense in sede processuale. Proprio perché così rilevante e di stringente attualità, la materia avrebbe richiesto un approccio più attento e consapevole.

A tal proposito, citiamo il problema della "libera" interpretazione lessicale, che ritorna in voga ancora una volta così come era successo per le leggi precedenti. Difatti, per esempio, gli artt. 8, 9 e 11 si sono solo limitati ad adeguare, attraverso operazioni di "chirurgia lessicale", disposizioni processuali che erano già vigenti, lasciando come unica novità la procedura di "conservazione rapida dei dati", il cosiddetto "cd freezing" (scelta inevitabile, visto che era già prevista tra l'altro dall'art. 16 della Convenzione del Consiglio d'Europa sulla criminalità informatica stipulata a Budapest, a cui questa legge di ratifica si ispira), e introdotta mediante l'aggiunta di commi all'art. 132 del Codice della privacy.

Innumerevoli sono gli altri interventi di tipo "lessicale" a cui sono state sottoposte numerose disposizioni, tanto per citarne alcune, la materia di ispezioni e rilievi tecnici (art. 244, 2°comma c.p.p.), l'esame di atti, documenti e corrispondenza presso banche (art. 248, 2°comma c.p.p.), i doveri di esibizione e consegna (art. 256, 1° comma c.p.p.), gli obblighi e le modalità di custodia (art. 259, 2° comma c.p.p.), i sigilli e i vincoli delle cose sequestrate (art. 260, 1° e 2° comma c.p.p.), l'acquisizione di plichi e corrispondenza (art. 353, 1° e 2° comma c.p.p.) e, infine, gli accertamenti urgenti e il sequestro (art. 354, 2° comma c.p.p.).

Per ognuna di queste disposizioni, ci si é limitato ad ampliare l'ambito di applicazione della norma attraverso l'inserimento di espressioni che rimandano ad attività connesse a "dati, informazioni e programmi informatici".

In definitiva, c'è purtroppo da rilevare che, anche in questo caso, gli emendamenti applicati, benché tutto sommato apprezzabili, non siano stati del tutto soddisfacenti e convincenti, dovuto soprattutto al fatto che non é stato compreso appieno il fenomeno informatico che incombeva. Tutto ciò ha comportato che si perdesse un'occasione importante per disciplinare fenomeni che, di fatto, alla luce di questa legge non trovano una loro giusta collocazione, né una disciplina specifica.

A tal proposito, si pensi all'intercettazione di comunicazioni vocali tramite sistemi VoIP (es. Skype), all'acquisizione in tempo reale della posta elettronica, alle problematiche relative ai limiti del sequestro nei confronti dell'indagato o del terzo fino all'emergente fenomeno del cloud computing, nonché al peso e al ruolo assunto dai social network come Facebook e Twitter, veri e propri focolari informativi da cui attingere elementi utili alle ricostruzioni processuali.

Nuovi provvedimenti giuridici dovrebbero, a parere dello scrivente, non esimersi dal tenere in considerazione tutti questi nuovi fenomeni informatici, visto che l'attuale disciplina giuridica ne é praticamente sprovvista. Questo perché finora non c'é stata una vera e propria presa di coscienza da parte delle istituzioni interessate circa l'impatto sociale e giuridico derivante dall'utilizzo dei nuovi media e delle tecnologie ad esse connesse.

Sarebbe pertanto opportuno legiferare con una maggiore consapevolezza del fatto che in futuro le prove informatiche avranno sempre di più peso e importanza in ambito processuale, giocando un ruolo primario in campo giuridico.

Bibliografia

N. AMATO, *Guida alle strategie di backup dei dati*, Amazon, 2022

N. AMATO, *La sicurezza delle informazioni nel contesto evolutivo del binomio comunicazione-informatica*, Amazon, 2018

M. ARMBRUST, A. FOX, R. GRIFFITH, *A view of Cloud Computing*, Magazine Communications of the ACM, pp. 53, 50-58, 2010

BIT4LAW, *Write blocker: che cos'è, a cosa serve e come funziona*, https://www.bit4law.com/glossario-di-informatica-forense/write-blocker/ (ultima visita il 20/08/2022)

BIT4LAW, *Cos'è lo standard ISO 27037?*, https://www.bit4law.com/blog/informatica-forense-incident-response/cosa-e-lo-standard-iso-27037-2012/ (ultima visita il 21/08/2022)

CYBERSECURITY360, *La gestione degli incidenti informatici: un corretto piano operativo*, https://www.cybersecurity360.it/soluzioni-aziendali/la-gestione-degli-incidenti-informatici-un-corretto-piano-operativo/ (ultima visita il 21/08/2022)

DEVELOPER SUMO, *Cosa sono i documenti RFC?*, https://www.developersumo.com/2021/12/06/cosa-sono-i-documenti-rfc/ (ultima visita il 21/08/2022)

T. ERL, R. PUTTINI, *Cloud Computing: Concepts, Technology & Architecture*, Prentice Hall, 2013

A. GHIRARDINI and G. FAGGIOLI, *Digital Forensics*, Apogeo, 2013

M. IASELLI, *Compendio di Informatica Giuridica*, Edizioni Giuridiche, 2012

ISO (International Organization for Standardization), https://www.iso.org (ultima visita il 21/08/2022)

Digital Guide IONOS, *Cos'è una funzione di hash?*, https://www.ionos.it/digitalguide/server/sicurezza/funzione-di-hash/ (ultima visita il 20/08/2022)

S. QUICK, B. MARTINI, *Cloud Storage Forensics*, Syngress Media, 2013

RFC EDITOR, *Archive*, https://www.rfc-editor.org/ (ultima visita il 21/08/2022)

SWAPPA, *Gestione degli incidenti informatici*, http://www.swappa.it/wiki/Uni/GestioneDegliIncidentiInformatici (ultima visita il 20/08/2022)

F. TAVASSI LA GRECA, *Hacking e criminalità informatica*, Altrodiritto, 2003

R. YELURI, E. CASTRO-LEON, *Building the Infrastructure for Cloud Security*, Apress, 2014

G. ZICCARDI, *L'avvocato hacker*, Giuffré, 2014

Elementi di Diritto penale: (http:\\www.penale.it)

Emendamenti giuridici: (http:\\www.altalex.com)

Emendamenti legislativi: (http:\\www.interlex.it)

Informazioni sull'autore

É sempre difficile descrivere se stessi, forse perché ci si vede sempre da una sola angolazione. Si rischia pertanto di essere troppo faziosi, sia in negativo che in positivo.

Io poi, sono sempre un poco restìo a parlare di me stesso, chiuso probabilmente in quella gabbia culturale fatta di riservatezza e discrezione o, come dicono gli anglofoni, "low profile".

Comprendo comunque che si rende necessario farlo in questo contesto, in quanto è giusto e corretto nei confronti dei lettori far sapere loro con chi si ha a che fare quando si legge un libro.

Eccomi dunque. Tralasciando gli studi fatti, si tratta di normalissimi corsi universitari e post laurea, approdo alle mie passioni: la comunicazione, la scrittura, il diritto e l'ICT.

Sono scrittore di romanzi e di saggi, ho ricevuto nel 2022 una menzione di merito al Secondo Premio Letterario Internazionale Dostoevskij, in occasione del quale un ampio brano del mio romanzo "Un amore contrastato" è stato inserito nell'antologia riepilogativa del Premio, pubblicata dall'editore Aletti.

Sono tecnologo della comunicazione audiovisiva e multimediale, con elevate competenze professionali nel campo informatico, e con una comprovata pluriennale esperienza di lavoro nel settore IT e ICT in ambito internazionale.

Inoltre, sono stato docente universitario presso la facoltà di scienze della comunicazione dell'università Insubria di Varese della materia "Scritture Segrete", che comprendeva principalmente argomenti di insegnamento come la steganografia, la crittografia e tutte le altre tecniche elusive della comunicazione.

Tuttora sono docente universitario all'università di Alberta in Canada, dove insegno online entrambe le materie "Database Design for Information Management" e "Metadata".

Vi invito a visitare la mia pagina Facebook

www.facebook.com/nicola.amato.scrittore

Date un'occhiata anche al mio blog, dove potrete conoscere altri miei lavori letterari, oltre che mettervi in contatto con me:

nicola-amato.blogspot.it

Di che cosa parlano i miei libri?

Ho scritto diversi libri nel corso degli ultimi anni, sia romanzi che saggi, e sono stati pubblicati sia nel formato e-book e sia in quello cartaceo. I saggi trattano varie tematiche interessanti, alcune delle quali molto conosciute e apprezzate in maniera globale, mentre altre sono considerate di nicchia. Per quanto riguarda i romanzi invece, alcuni sono improntati su temi sociali ed altri su argomenti di interesse e molto intriganti.

Date un'occhiata qui di seguito alla lista dei miei libri, e nel caso vogliate approfondire le argomentazioni trattate perché hanno destato il vostro interesse, andate sul link che segue, il quale vi indirizzerà sulla mia pagina Amazon dove potrete acquisire maggiori informazioni su questi libri.

www.amazon.it/Nicola-Amato/e/B0058FNDFQ/

Romanzi

- La prostituta
- Un amore contrastato
- La Bibbia del Diavolo
- Il mistero del tesoro nascosto
- Stalking letale
- Loschi affari nella ricerca sul cancro: L'apoptosi indotta
- Fenomeni dell'aldilà
- Il clochard
- Il segreto del castello di Copernico

Saggi

- Guida alle strategie di backup dei dati
- Storia della Crittografia Classica

- La steganografia da Erodoto a Bin Laden: Viaggio attraverso le tecniche elusive della comunicazione

- La sicurezza delle informazioni nel contesto evolutivo del binomio comunicazione-informatica

- La disciplina giuridica dell'informatica forense nell'era del cloud

- Manuale della comunicazione multimediale: Come comunicare in maniera efficace con i prodotti multimediali

- L'evoluzione giuridica della responsabilità medica

- Profili giuridici dei reati di falsa testimonianza e di frode processuale

- Come interpretare il linguaggio del corpo durante la fase del corteggiamento

- Come scrivere un romanzo di qualità

- Piero Angela: Come puntare alla più alta soglia dei contenuti con la più semplice soglia del linguaggio.

Collana Saggi "Approfondimenti di diritto penale"

Volume 3

-----œ-----

www.ingramcontent.com/pod-product-compliance
Lightning Source LLC
Chambersburg PA
CBHW051100050326
40690CB00006B/767